REIKI I

Olaf Reinke

AF208334

2024

2. Überarbeitetet Auflage

REIKI I

Der erste Schritt auf dem Weg!

REIKI ist weit mehr als eine Methode - es ist eine Schatztruhe voller Erfahrungen und Weisheit, die uns auf unserem Lebensweg unterstützt. Es schenkt und heilsame Impulse, zeigt uns neue Wege auf und hilft, unseren ganz eigenen Lebenspfad zu finden und mutig zu gehen. REIKI lädt dich ein, dein Leben individuell und im Einklang mit deiner inneren Wahrheit zu gestalten - jenseits von Konformität und Vorgaben.

In einer Welt voller verschiedener Ansätze und Traditionen bleibt Olaf Reinke, REIKI-Lehrer seit 2007, den ursprünglichen Impulsen des Begründers Mikao Usui treu. Er zeigt dir einen schlichten, aber kraftvollen Weg, wie REIKI dein Leben bereichern und durchdringen kann. Dieses Buch begleitet dich durch den ersten REIKI-Grad und gibt dir - auch außerhalb eines Seminars - eine kompakte Einführung in die Grundlagen des REIKI

REIKI 1 ist der Beginn einer Reise

Der Moment, um loszulegen, ist jetzt!

Lebe diesen Augenblick und entdecke das Abenteuer REIKI!

FSC
www.fsc.org

MIX

Papier aus ver-
antwortungsvollen
Quellen

Paper from
responsible sources

FSC® C105338

REIKI I

Olaf Reinke

2024

2. Überarbeitetet Auflage

Impressum

REIKI I - Seminare I

Haftungsausschluss: Dieses Buch ist ein Leitfaden zur Einführung in das Thema REIKI. REIKIkann das persönliche Wohlbefinden fördern. Es ersetzt nicht den professionellen Rat eines ausgebildeten REIKI-Anwenders, Arztes oder Therapeuten.

Dieses Buch ist als Anregung und Begleitung zu dem von mir gegebenen Seminar gedacht.

Die Internetlinks sind nach bestem Wissen zusammengestellt. Stand der Links ist der 10.10.2024

Bibliografische Information der Deutschen Nationalbibliothek: Die Deutsche Nationalbibliothek verzeichnet diese Publikation in der Deutschen Nationalbibliografie; detaillierte bibliografische Daten sind im Internet über http://dnb.dnb.de abrufbar.

Die automatisierte Analyse des Werkes, um daraus Informationen insbesondere über Muster, Trends und Korrelationen gemäß §44b UrhG („Text und Data Mining") zu gewinnen, ist untersagt.

© 2024 Olaf Reinke (i.d.R. Sie bzw. Ihr Pseudonym)

Lektorat: Vorname Name oder Institution
Korrektorat: Vorname Name oder Institution
Weitere Mitwirkende: Vorname Name oder Institution

Verlag: BoD · Books on Demand GmbH, In de Tarpen 42, 22848 Norderstedt

Druck: Libri Plureos GmbH, Friedensallee 273, 22763 Hamburg

ISBN: 978-3-7693-0209-7

Einführende Worte ....- 4 -

REIKI 1. Grad..- 8 -

Einweihung in den ersten Grad des REIKI: Der Weg zur Selbstreflexion und
Heilung ....- 8 -

REIKI – Was ist das? ....- 10 -

Die wesentlichen Merkmale des Reiki sind: ....- 13 -

Versuch des Minimums ....- 15 -

Wie funktioniert REIKI? ....- 16 -

Ein kleiner Exkurs in die Historie bzw. den Mythos ....- 20 -

Die wenigen, aber wichtigen „Regeln" ....- 24 -

    Die Lebensregeln von Usui – wie ich sie verstehe: ....- 25 -

Ein paar weiterführende Worte zu den Regeln ....- 28 -

Übungspfeiler, auf denen REIKI ruht..- 38 -

Ein paar Tipps für deinen Alltag: ....- 39 -

Meditation – Warum im REIKI? ....- 40 -

    Gassho Meditation..- 43 -

    Die Gassho-Meditation in deinen Alltag integrieren ....- 44 -

    Reiji Ho ....- 46 -

    Stärkung deiner Verbindung zur REIKI-Kraft ....- 48 -

    Chiryo ....- 50 -

    So führst du eine Chiryo-Behandlung durch: ....- 50 -

Detaillierte Handstellungen –   Eine Reise durch die ....- 56 -

Anmerkung zu den Übungen: ....- 60 -

Das Hier & Jetzt ....- 60 -

Alle Antworten liegen im, Hier und Jetzt. ....- 60 -

    Die Bedeutung des Hier und Jetzt ....- 60 -

    Das „Jetzt" als Geschenk ....- 61 -

    Praktische Tipps für das Leben im Jetzt: ....- 61 -

    Lasse dich auf das Hier und Jetzt ein ....- 62 -

Der Byosen ....- 63 -

Byosen: Die Empfindungsstufen .... - 64 -

Die Wahrnehmungsstufen des Byosen und ihre Bedeutung .... - 65 -

Wie gehe ich bei der Behandlung eines Byosens vor? .... - 66 -

Gegenanzeigen .... - 67 -

Der Byosen – Ein Zeichen, dass Leben in dir ist! .... - 68 -

Die 12 mir überlieferten Handstellungen der ganzheitlichen Behandlung .... - 70 -

Zwei zusätzliche Positionen, die sich bewährt haben: .... - 76 -

Der siebenarmige Leuchter .... - 77 -

Der siebenarmige Leuchter und die Chakren .... - 77 -

Wie mit REIKI arbeiten? .... - 83 -

Habe Zeit: .... - 83 -

Hingabe: .... - 84 -

Ausgeglichenheit: .... - 85 -

Der Ort: .... - 87 -

Die Kleidung: .... - 88 -

Dauer: .... - 90 -

Musik während der REIKI-Sitzung: .... - 91 -

Düfte während der REIKI-Sitzung: .... - 93 -

Die ersten 3 Wochen (21 Tage) nach deiner REIKI-Initiation .... - 96 -

Eine Zeit der Transformation .... - 96 -

Bewusste Integration .... - 96 -

Empfohlene Aktivitäten für die ersten 21 Tage: .... - 97 -

Warum diese Zeit so wichtig ist .... - 98 -

Dein Weg zu einem neuen Bewusstsein .... - 98 -

Verschiedene Möglichkeiten,   REIKI anzuwenden (REIKI I) .... - 99 -

1.   REIKI beim Radiohören oder Fernsehen .... - 99 -

2.   REIKI beim Telefonieren: .... - 99 -

REIKI unterwegs: .... - 99 -

REIKI für tierische Begleiter: .... - 99 -

REIKI für deine Speisen: .... - 100 -

REIKI-Behandlung: Eine Anleitung für deine Sitzung .... - 101 -

Vorbereitung: .... - 101 -

Entspannte Atmosphäre: .... - 101 -

Handpositionen: .... - 102 -

Wunderbare Entspannung: .... - 102 -

Arbeiten mit Klienten: Der Weg zur Klarheit und Dankbarkeit .... - 103 -

Rechtslage in Deutschland .... - 105 -

Der Klient hat die Entscheidungsfreiheit .... - 107 -

Positive Auswirkungen des Schleswiger Urteils .... - 110 -

Hinweisverpflichtung .... - 111 -

Das Bundesverfassungsgericht .... - 113 -

Das ist mein Standpunkt: Jeder hat sich selbst zu erkunden, was er für sich formuliert: .... - 114 -

Heilen / Heilung .... - 114 -

Bibliographie .... - 118 -

Der Autor .... - 120 -

Danksagung .... - 121 -

EINFÜHRENDE WORTE

Willkommen in die Welt des REIKI! Diese Unterlage ist dein Begleiter, um die Kunst des REIKI-Vermittelns zu erlernen und / oder zu vertiefen. Auf den folgenden Seiten findest du wertvolle Informationen und inspirierende Einblicke, die dir helfen, die heilende Kraft des REIKI zu verstehen und anzuwenden.

Ohne es zu wissen, nutzen wir diese Energie bereits im Alltag. Denk nur an den Moment, wenn du dir weh tust und instinktiv deine Hand auf die schmerzende Stelle legst – die Linderung, die du spürst, ist die Wirkung der Lebensenergie, des REI"KI". Dieser wundersamen Energie, die alles erschafft, durchdring und in ihrem Fluss und Fließen wieder verlässt. Auf das es wieder vergehen kann.

Vielleicht hattest du schon am ersten Tag deines Lebens Kontakt mit REIKI, durch die liebevollen Berührungen deiner Mutter. Natürlich ist es so, dass das Ki mit der Zeugung Deinen Körper durchfloss und gestaltete.

REIKI bewusst anzuwenden, bedeutet, sich liebevoll seinen Mitmenschen zu öffnen und die heilende Kraft durch sich fließen zu lassen – das, in aller Offenheit und im bewussten Loslassen.

Im ersten Kapitel beginnen wir einen kleinen Exkurs durch die Geschichte des REIKI. Erfahre, wie diese wundervolle Praxis entstanden ist und erheische einen kleinen Einblick in die verschiedenen Traditionen, die sich im Laufe der Zeit entwickelt haben. Du wirst entdecken, wie REIKI von seinen Wurzeln in Japan bis hin zu seiner weltweiten Verbreitung gewachsen ist. Es durfte schon Irrwege und weiterführende

Wege gehen und ist noch lange nicht an sein Ende kommen.

Tauche ein in die faszinierende Welt der asiatischen Philosophie und lerne, wie der menschliche Energiekörper aufgebaut ist. Das Buch erklärt, wie dieser Energiekörper sich nährt, warum er oft unterernährt ist und wie REIKI dabei helfen kann, ihn wieder ins Gleichgewicht zu bringen. Lass dich von der Essenz des REIKI begeistern. Das Buch versucht dir eine klare und verständliche Erklärung, was REIKI ist und wie es wirkt, zu geben. Du wirst schnell erkennen, warum so viele Menschen auf der ganzen Welt von dieser Heilkunst fasziniert sind.

Entdecke die vielfältigen Einsatzmöglichkeiten des REIKI. Ob körperliche Beschwerden, emotionale Blockaden oder geistige Unausgeglichenheit – REIKI kann in vielen Bereichen des Lebens unterstützend und heilend wirken. Vertiefe deine REIKI-Praxis mit speziellen Meditationstechniken. Diese Übungen helfen dir, deine Verbindung zur REIKI zu stärken und dein inneres Gleichgewicht zu finden und fördern.

Durch die Kraft des REIKI, die uns „in die Hände gelegt" ist, können wir innere Blockaden auch bei anderen lösen, die oft die Ursache für körperliche Beschwerden sind. Handauflegen ist keine neue Erfindung – schon Jesus heilte die Menschen durch Berührung und vermittelte göttliche Energie. Weise Frauen und Männer taten dies schon immer auch in Europa.

Wichtig dabei: Jesus war Mittler, nicht der Inhaber dieser Kraft. Er war der Kanal, durch den die göttliche Energie floss. (Johannes 14, Vers 10ff: „[...] Glaubst du nicht, dass ich im Vater bin und der Vater in mir? Die Worte, die ich zu euch rede, rede ich nicht von mir selbst. Der Vater, der in mir wohnt, tut seine Werke. [...]")

Heute gelten Menschen, die an Wunder glauben, oft als Träumer. Aber die biblischen Wunder werden akzeptiert, manchmal sogar geglaubt. REIKI ist vielleicht eine Möglichkeit, uns dem Wunder des Lebens wieder ein Stück näher zu bringen.

Mit dem 1. Grad des REIKI kannst du vor allem dir selbst und auch anderen mit der heilenden Kraft deiner Hände helfen. REIKI ist eine neutrale Kraft, die außerhalb unserer bewussten Dualität existiert. Diese Kraft kann uns helfen, innere Blockaden zu lösen und Heilung zu erfahren. Am Ende kann man sagen, dass sie die Kraft ist, die im Universum alles zusammenhält, durchdring und erschafft...

Manche bevorzugen das Bild, dass diese Kraft die Schwingungen des Universums speist – von den kleinsten Strings bis hin zu den gigantischen schwarzen Löchern. REIKI ist die lebensspendende Energie, die alles durchdringt und belebt.

REIKI zeigt uns, dass wir ein Teil dieser Welt sind – jeder von uns ist ein wichtiger Punkt im großen Ganzen des Universums.

Wenn du dich intensiver mit REIKI beschäftigen kannst, wirst du feststellen, dass es viele verschiedene REIKI-Schulen gibt. Das liegt daran, dass jeder REIKI-Praktizierende REIKI auf seine eigene Weise versteht und lehrt. Jeder REIKI-Lehrer mischt seinen eigenen kleinen REIKI-Cocktail.

Deshalb mein Tipp: Lerne deinen Lehrer kennen und verstehe, auf welchem Hintergrund er REIKI vermittelt. Wo kommt er her? Welchen religiösen und/oder philosophischen Hintergrund hat er? Welche Erfahrungen hat er gemacht?

Beschränke dich auf die Fragen, die dir wichtig sind. Bedenke aber: Jede Antwort bringt neue Fragen mit sich. Am Ende wirst du deinen eigenen Weg finden, REIKI zu praktizieren – ganz auf deine Weise. Wenn du deinen Meister und seine Methoden akzeptieren kannst, lass dich von ihm ausbilden.

Erfahre, warum eine kleine Weihe notwendig ist, um REIKI zu aktivieren. Diese Zeremonie ist der Schlüssel, um die heilende Energie in dir freizusetzen. Kurz beschreiben das Buch prägnant, warum dieser Schritt so wichtig ist. Lerne die grundlegenden Techniken der REIKI-Behandlung kennen. Dazu gehört die energetische Reinigung, die Ganzkörperbehandlung mit den traditionellen 12 Handhaltungen und der Ausgleich der Chakren. Diese Techniken sind das Fundament für jede erfolgreiche REIKI-Sitzung.

REIKI 1. GRAD

EINWEIHUNG IN DEN ERSTEN GRAD DES REIKI: DER WEG ZUR SELBSTREFLEXION UND HEILUNG

Die Einweihung in den ersten Grad des REIKI führt oft zu einer körperlichen Reinigungsreaktion. Diese Entwicklung wird unterstützt, indem man sich täglich – am besten mit einer Ganzbehandlung – REIKI gibt. So lernt man weiter, sich selbst wahrzunehmen und sich immer besser kennenzulernen. In dieser Phase der Selbstreflexion tauchen viele Fragen auf, die dich zur Auseinandersetzung mit deinem Inneren anregen:

- *Wer bin ich? – Damit ist nicht gemeint: „Was bin ich?"*
- *Wie stehe ich zu mir selbst?*
- *Wie sehen mich andere?*
- *Kann ich Rollen, ich einnehme, benennen und inhaltlich ausformulieren?*
- *Wer erwartet, dass ich Rollen einnehme?*
- *Was erwarte ich von anderen?*
- *Warum hege ich diese Erwartungen?*
- *Verhalte ich mich gegen meinen inneren Wunsch? Warum?*
- *Wann fühle ich mich anerkannt?*
- *Brauche ich die Anerkennung anderer?*
- *Mache ich mich von anderen Menschen abhängig?*

- *Sind meine Beziehungen zu anderen Menschen ausgeglichen, auf Augenhöhe und gesund?*
- *Sehe ich eigene, individuelle Lebensziele?*
- *Verfolge ich meinen eigenen Weg?*
- *Sehe ich mich kreativ und schöpferisch? Erkenne ich meine Schöpferkraft?*
- *Eröffne ich mir den Freiraum in meinem Leben, ab und zu wie ein Kind spielen zu können?*
- *Liebe ich, was ist?*

Der erste Grad des REIKI ist durch bewusste und gezielte Selbstreflexion gekennzeichnet. Es geht darum, die eigene Person zu erkennen, die eigene Individualität zu sehen und zu (er-)spüren – am Ende der Liebe auch zu sich selbst den Weg zu eröffnen. Die Selbstreflexion ist ein wichtiger Schritt auf dem Weg zu einem tieferen Verständnis von sich selbst und der Welt um uns herum.

REIKI – WAS IST DAS?

Der Begriff REIKI stammt aus dem Japanischen und setzt sich aus den Silben „REI" für „Geist" oder „universeller Aspekt" und „Ki" für „Energie" oder „Lebenskraft" zusammen. REIKI ist vergleichbar mit dem chinesischen „Chi", dem indischen „Praha" und dem biblischen Hauch Gottes, der die lebendige Welt erschuf.

Diese „göttliche" Energie steht uns allen zur Verfügung, oft nutzen wir sie unbewusst im Alltag. Ein vertrautes Phänomen ist, dass wir bei plötzlichen Schmerzen instinktiv unsere Hand auf die schmerzende Stelle legen und bald eine Linderung verspüren.

Einige Autoren vermuten daher, dass unsere erste Berührung mit REIKI bereits an unserem ersten Tag stattfindet, durch die liebevollen Berührungen der Mutter. Dies zeigt, dass wenn wir als Erwachsene REIKI bewusst anwenden, wir uns wieder liebevoll unseren Mitmenschen öffnen. Eine REIKI-Behandlung öffnet den Kanal für diese göttliche Energie und lässt sie frei fließen.

Diese Kraft, die uns in die „Hände gelegt" wird, kann innere Blockaden lösen, die häufig die Ursache für körperliche Symptome sind. Es ist nicht notwendig, in andere Kulturen zu blicken, um die Wirkung des Handauflegens zu erkennen: Auch Jesus legte den Kranken die Hände auf und vollbrachte so die beschriebenen Wunder. Er vergab Sünden und linderte damit das Leiden der Seele, wie es beispielsweise in der Geschichte des Lahmen, dem er befahl zu gehen, eindrucksvoll beschrieben ist.

Der 1. Grad des REIKI befähigt uns, uns selbst und anderen mit der heilenden Kraft der Hände zu helfen. REIKI ist eine neutrale Kraft, die außerhalb unserer bewussten Dualität steht. Wie Jesus erklärte, ist die Kraft, die durch das Handauflegen wirkt, göttlicher Natur.

Für jemanden ohne spezifisches Glaubensbekenntnis könnte es ansprechender sein, sich vorzustellen, dass diese Kraft aus dem großen Schwingungskanon unseres Universums stammt – von den kleinsten erkennbaren Schwingungen (Strings) bis hin zu den schwarzen Löchern, die Materie und Energie aufnehmen. REIKI ist die lebensspendende Energie des Universums, durchdringt alles und belebt, wo Leben möglich ist – aber immer schenkt sie Existenz und Dasein.

REIKI kann uns helfen, zu erkennen, dass wir Teil dieser Welt sind. Wir sind nicht getrennt, sondern jeder von uns ist ein wichtiger Punkt im Ganzen des Universums.

Wer sich mit REIKI beschäftigt, fragt sich oft, warum es so viele verschiedene REIKI-Schulen gibt. Wahrscheinlich liegt es daran, dass jeder REIKI-Praktizierende REIKI auf seine eigene Weise versteht. Jeder REIKI-Lehrer entwickelt seine eigene Methode. Das ist grundsätzlich neutral zu bewerten, da jeder Mensch seinen eigenen Zugang zur Wahrheit hat. Dennoch sollte REIKI kein Mischmasch aus New Age, REIKI und anderen einschränkenden Vorstellungen werden.

Natürlich gibt es mittlerweile Schulen, die Urkunden und Diplome vergeben und ihre Ausbildung als Studium bezeichnen. Doch jeder sollte in sich hineinhorchen, ob solch eine Formalisierung wirklich angemessen ist. Usui Sensei, der Begründer des REIKI, betrat für seine Lehren niemals eine Schule. Er erhielt das Geschenk des REIKI aus der Schöpfung selbst, durch seinen eigenen Weg zum Chi/Ki. Er studierte in Eigenverantwortung und legte damit den Grundstein für das REIKI, wie wir es heute kennen.

Ein guter REIKI-Vermittler braucht keine Herden-Denk-Berechtigung. Er wird von einem Meister unterstützt, seinen eigenen Weg zu finden und REIKI auf individuelle Weise weiterzugeben. Dies erfordert Erfahrung und ein tiefes Bewusstsein für den Augenblick. Ein REIKI-Vermittler kann und hoffentlich ist sich der Körperlichkeit und des energetischen Zustands seines Gegenübers bewusst – zumindest sollte er sich bemühen, dies zu erkennen.

Hier ein Tipp: Lerne deinen Lehrer kennen und verstehe, auf welchem Hintergrund er REIKI vermittelt. Frage dich:

- Wo kommt er her?
- Aus welchem religiösen / philosophischen oder gesellschaftlichen Hintergrund lebt er sein Leben?
- Welche beruflichen Erfahrungen hat er gemacht?
- Hat er Erfahrungen, die er in die gemeinsame Arbeit einbringen kann?

Beschränke dich auf die für dich wichtigen Fragen. Aber bedenke: Jede Frage führt zu weiteren Fragen. Am Ende stehst du vielleicht mit offenen Händen da, und genau dann könnte ein neuer Weg entstehen, REIKI auf deine eigene Weise zu praktizieren. Wenn du es nicht so weit treiben möchtest, schau dir deinen Meister genau an. Wenn du mit ihm und seiner Methode einverstanden bist, lasse dich von ihm ausbilden.

DIE WESENTLICHEN MERKMALE DES REIKI SIND:

- ➢ REIKI wirkt zum Wohle des Empfängers, auch wenn es im ersten Moment vielleicht Heilungsreaktionen kommt, die unerwünscht erscheinen, weil sie mit Bewegung und Veränderung zu tun haben, obwohl derjenige lieber alles in einem eingefrorenen, scheinbar sicheren Zustand belassen möchte. - Nur Leben ist Bewegung, sich dem Jetzt stellen und daraus sich die erfreuliche Welt, die uns umgibt, mit zu gestalten.

- ➢ REIKI wirkt immer ganzheitlich und ursächlich.

- ➢ Es gibt im Prinzip keine Einschränkungen für die Anwendung.

- ➢ Der Empfänger der REIKI-Kraft muss nicht von REIKI. überzeugt sein, aber er sollte offen sein für Hilfe und Veränderung, denn REIKI wird nicht in ihn "hineingepresst", sondern von ihm "aktiv aufgenommen", eben falls er dazu bereit ist.

- ➢ Die Wirksamkeit ist unabhängig von der Verfassung des Empfängers und der Umgebung. Das im REIKI angeregte Ki ist weder dem Raum noch der Zeit unterworfen...

- ➢ Es heißt REIKI selbst kann nicht missbraucht werden. Das sehe ich als nicht korrekt an. Unter dem Deckmantel „REIKI" kann der Behandler verdeckt Missbrauch betreiben.

- ➢ Die Anwendung des REIKI zur Selbstbehandlung ist einfach und mühelos.

- REIKI ersetzt keine medizinische Behandlung oder andere therapeutische Behandlung. REIKI kann medizinische Maßnahmen sinnvoll ergänzen und unterstützen, beschleunigen, Selbstheilung aktivieren und sogenannte Spontanheilung auslösen oder fördern.

- REIKI durchdringt alle Materialien, so dass ein Ausziehen zur Behandlung vollkommen unnötig ist!

- REIKI wirkt unabhängig von jeder Ideologie, Religion, Philosophie oder ethnischen Lehre

VERSUCH DES MINIMUMS

Spirituelles Wachstum mit REIKI wird oft missverstanden. Viele Menschen wandern von einem REIKI-Lehrer zum nächsten, nehmen an immer mehr Workshops teil und sammeln Wissen, ohne sich auf das Wesentliche zu konzentrieren. Dabei geht es doch darum, die eigene innere Wahrheit zu finden, die Essenz deines Seins zu entdecken und den „göttlichen Funken" in deinem Herzen zu spüren.

Was brauchst du wirklich, um mit REIKI arbeiten zu können? Ganz einfach: deine Hände und einen möglichst ruhigen, leeren Geist. Leere ihn von eigenen Wünschen, Erinnerungen und Projektionen – soweit es Dir möglich ist... Folge dem Prinzip: weniger ist mehr.

Statt dich in einer Vielzahl von Techniken zu verlieren, konzentriere dich auf das Wesentliche. Lass deine Hände und dein Herz die Arbeit tun, und öffne dich für die heilende Energie, die durch dich fließt. Je weniger du dich von äußeren Einflüssen ablenken lässt, desto stärker kannst du die wahre Kraft des REIKI erfahren.

WIE FUNKTIONIERT REIKI?

Die Funktionsweise von REIKI lässt sich nicht in einfachen Worten erklären. Das liegt daran, dass uns die passenden Begriffe fehlen und die zugrunde liegenden Vorgänge mit unserem derzeitigen Bewusstsein schwer zu erfassen sind.

Was wir jedoch wissen, ist, dass im Idealfall die Lebensenergie „Ki" (auch als Chi bekannt) frei und ungehindert durch den menschlichen Körper fließt. In diesem Zustand bedeutet das körperliche und geistige Gesundheit.

Doch wenn dieser natürliche Fluss durch Blockaden gestört wird – verursacht durch Traumata, Krankheit oder Verletzungen – leidet unsere Lebensqualität. Der natürliche Rhythmus des Lebens gerät aus dem Gleichgewicht.

Die Aufgabe im REIKI besteht darin, diese Blockaden zu lösen, den Energiefluss wieder anzuregen und zu harmonisieren. Da die REIKI-Energie stärker ist als die normalerweise fließende Lebensenergie, kann REIKI durch die Blockaden hindurchdringen, sie auflösen und der Lebensenergie ermöglichen, wieder ungehindert zu fließen. Das geschieht vor allem durch das Fokussieren des REIKI-Vermittlers, der in REIKI eingeweiht wurde.

Laut der Überlieferung wirkt REIKI von der energetischen Ebene ausgehend durch alle Schichten unseres Wesens hindurch bis auf die körperliche Ebene. Es dringt tief in die Bausteine des Körpers ein, bis zu den Zellen, Molekülen und Atomen. Dabei harmonisiert REIKI den Körper, indem es alle Vorgänge anregt, ihre natürliche Balance zu suchen und zu halten.

Es ist jedoch wichtig zu verstehen, dass REIKI nur im Einklang mit dem Willen des Empfängers wirken kann. Wenn sich jemand verschließt und sich von der Gesamtheit des Seins trennt, kann REIKI diesen Widerstand nicht überwinden. - Gegen den Willen des Empfängers macht REIKI nichts. Denn es ist der Respekt vor dem Individuum, der es nicht zulässt.

In solchen Fällen scheint der Heilungsprozess zu stagnieren, und der Energiefluss bleibt blockiert. Manchmal ist es notwendig, dass eine Veränderung im Bewusstsein des Empfängers stattfinden mag, bevor die Heilung weitergehen kann.

REIKI zaubert keine Krankheiten einfach weg. Vielmehr hilft es, Symptome aufzulösen und dem Empfänger Zeit und Raum zu geben, bewusst und selbstverantwortlich an sich zu arbeiten – Heilung zu finden. Es unterstützt dabei, die tieferliegenden Ursachen zu erkennen und „heil" zu werden. REIKI kann Kraft und Energie geben, um sich aus einem Tief zu erheben, mit neuer Hoffnung, Verständnis und dem Wunsch, eins mit allem zu sein und sich nicht abzutrennen. REIKI begleitet diesen Prozess und hilft, Blockaden im Bewusstsein, im Körper und im Aurafeld aufzulösen, um den Zugang zu den Ursachen auf verschiedenen Ebenen zu ermöglichen.

Durch das Auflegen der Hände fließt REIKI in den Körper und berührt dort auch die gespeicherten Erinnerungen. Dies kann zu körperlichen Heilreaktionen führen und emotionale Verletzungen ins Bewusstsein zurückbringen. Als REIKI-Vermittler hat man darauf sich vorzubereiten...

Die Schnelligkeit der Wirkung hängt von der Stärke der Blockade und der Dauer sowie Intensität der REIKI-Energiezufuhr ab. Bei schweren Krankheiten kann es vorkommen, dass REIKI zwar emotionale Blockaden löst, die tieferliegenden Ursachen jedoch nicht unmittelbar heilt. Es bedarf des guten Willen und die Kraft zum und zur Veränderung des Klienten. Das könnten eine Herausforderung für den Klienten darstellen, die er in seinem Bewusstsein heuaufheben muss.

Das erklärt, warum Empfänger trotz REIKI-Behandlung sterben können. Denn es ist der Weg des Klienten, der respektiert und gefördert wird. Wenn der Zeitpunkt gekommen ist, dass der menschliche Körper nicht mehr in der Lage ist, weiterzuleben, tritt der Tod auch mit REIKI ein, meist viel ruhiger und gelassener, und die Angst vor diesem letzten Akt des Lebens schwindet oder wird zumindest gemindert. REIKI hilft, das Leiden zu reduzieren, es hilft auch in den letzten Atemzügen, sich seinem Weg zu stellen und ihn zu gehen. Das in Ruhe und Einheit mit sich selbst.

Dauerhafte Heilung erfordert jedoch persönliche Aktivität, Beweglichkeit, Wachstum und Veränderung. Wer dauerhaft gesund sein möchte, muss bereit sein, Verantwortung für sein Leben zu übernehmen und sich mit allem, was ihn umgibt, zu verbinden. Wie schon gesagt: REIKI kann nicht „gesundzaubern", denn es respektiert den freien Willen des Empfängers. REIKI ist Liebe in ihrer vollen Freiheit.

REIKI akzeptiert die Entscheidungsfreiheit jedes Einzelnen. Wenn jemand den Weg der Trennung, des Leidens oder des Alleinseins wählt, wird REIKI nicht zur Gesundheit zwingen. Es ist jedoch immer bereit zu wirken, sobald derjenige bereit ist, sich auf den Weg der Heilung zu begeben.

Am Anfang deines Weges mit REIKI sei nicht entmutigt, wenn du nicht sofort etwas in deinen Händen spürst. Die Sensibilität in den Händen will geübt sein. Die Wahrnehmung der feinstofflichen Energie ist oft noch ungewohnt, doch mit der Zeit wird sie immer klarer und deutlicher. Vertraue darauf: REIKI fließt, ob du es spürst oder nicht.

EIN KLEINER EXKURS IN DIE HISTORIE BZW. DEN MYTHOS

Die Geschichte des REIKI ist mit vielen Ungereimtheiten behaftet. Dennoch gibt es einige grundlegende Aspekte, auf die sich die meisten Autoren und Lehrer einigen können. Sicher ist, dass Usui Sensei tatsächlich gelebt hat und dass er in Japan beheimatet war. Auch wenn oft behauptet wird, er sei Christ gewesen, liegt sein Grab auf einem buddhistischen Friedhof in der Nähe Kyotos.

Die Geschichte beginnt damit, dass Usui Sensei eines Tages von einem Schüler gefragt wurde, ob er an die Wunderheilungen eines Buddha oder Jesus glauben würde. Usui Sensei antwortete, dass er fest daran glaube. Daraufhin fragte der Schüler weiter, ob er je einer solchen Heilung beigewohnt habe, was Usui Sensei damals noch verneinen musste.

Dies gab den Anstoß für seine Suche. Er begann, verschiedene Schriften zu studieren – chinesische, indische und japanische. Eine endgültige Antwort schien er jedoch nicht zu finden. Schließlich entdeckte er in einer Bibliothek eines Zen-Klosters alte Sanskrit-Schriften mit Hinweisen darauf, wie und mit welchen Methoden und Symbolen geheilt werden könne.

Trotz dieses theoretischen Wissens blieb ihm der Zugang zur Heilung verschlossen. Ein Mönch riet ihm, auf den heiligen Kurama-Berg zu gehen, um dort 21 Tage zu meditieren und zu fasten. Das könne helfen einen Weg zu finden.

Und so tat Usui Sensei es. Am einundzwanzigsten Tag erblickte er einen hellen Lichtstrahl, der ihn mitten auf die

Stirn traf. Trotz der langen Fastenzeit fühlte er sich plötzlich voller Kraft und sah die leuchtenden Symbole aus dem Sanskrit vor sich. „Ja, ich erinnere mich", soll er gesagt haben, und der Zugang zur universellen Lebensenergie war damit für die Menschheit wieder aktiviert.

Auf dem Abstieg vom Berg verletzte er sich am Fuß. Als er seine Hände auf die Wunde legte, hörte die Blutung auf und der Schmerz verschwand. Dies soll sein erstes bewusstes Erlebnis mit seinen neuen Fähigkeiten gewesen sein.

Usui Sensei kehrte zurück. In Japan rüttelte die Erde und die Menschen durchlebten eine Katastrophe. Bald begann er in den Slums von Kyoto zu arbeiten. Er heilte die Menschen mit REIKI, gab ihnen die Möglichkeit, in ein angemessenes Leben einzukehren.

Doch viele kehrten immer wieder zu Usui zurück, ohne wirkliche Weiterentwicklung. Auf seine Fragen antworteten sie oft, dass es zu mühsam sei, sich eine Arbeit zu suchen und Verantwortung zu übernehmen.

Usui erkannte, dass Dankbarkeit und Eigenverantwortung entscheidend sind.

Usui gründete die Usui Reiki Ryoho Gakkai, deren erster Vorsitzender er war. Nach seinem Tod im Jahr 1926 folgten ihm weitere Vorsitzende: Mr. Ushida, Mr. Takatome, Mr. Wantanabe, Mr. Wanami, Mrs. Koyama und der aktuelle Vorsitzende Mr. Kondo. Auffällig ist, dass Dr. Hayashi in dieser Reihe fehlt. Der war kurz nach Gründung ausgetreten. Das hatte wohl politische Gründe gehabt.

Dr. Hayashi wurde 1925 zum REIKI-Meister eingeweiht und gründete eine REIKI-Klinik, in der er die zwölf Standardpositionen der Ganzbehandlung entwickelte. Diese Technik ermöglichte es, dass mehrere REIKI-Anwender gleichzeitig arbeiten konnten. Wer bei Dr. Hayashi REIKI erlernen wollte, musste unentgeltlich in der Klinik arbeiten. Nur diejenigen mit wirklichem Heilungstalent wurden in den 2. Grad eingeweiht. Nach Usuis Tod verließ Hayashi die Usui Reiki Ryoho Gakkai und weihte 1938 Hawayo Takata als REIKI-Meisterin des westlichen Weges ein.

Hawayo Takata wurde 1900 auf der Hawaii-Insel Kauai geboren. Nach dem Tod ihres Mannes erkrankte sie schwer und reiste nach Japan, wo sie in Dr. Hayashis Klinik behandelt wurde. Sie wurde vollständig geheilt und entschloss sich, REIKI zu erlernen.

1936 wurde sie in den 1. Grad eingeweiht, arbeitete ein Jahr in der Klinik und qualifizierte sich für den 2. Grad. 1938 erhielt sie den Meistergrad.

Takata eröffnete REIKI-Kliniken in Honolulu und Hilo und bildete Schüler aus. Bis zu ihrem Tod 1980 weihte sie 22 Menschen zu REIKI-Meistern ein. Sie veränderte einige Lehrmethoden, möglicherweise um sie für die westliche Welt zugänglicher zu machen.

Nach ihrem Tod teilte sich das westliche REIKI vor allem in zwei Schulen: die Radiance Technique von Barbara Weber Ray und die Reiki Alliance mit Phyllis Lei Furumoto, Takatas Enkelin. Zusätzlich gibt es noch freie REIKI-Meister, die keine eigene Schule haben. Heute gibt es viele neue Linien und Schulen, die weiter wachsen und sich entwickeln. Es ist spannend zu sehen, welche Blüten sich immer wieder entwickeln, wie Menschen REIKI auch wie einen modischen Schick missdeuten. REIKI ist etwas ganz eigenes, es braucht nur sich, keine Modeerscheinungen...

In meinen Augen war Phyllis Lei Furomoto die erste und bisher einzige Großmeisterin. Dieser Titel wurde damals Furomoto angetragen. Soweit ich weiß, war ihr dieser Titel anfangs nicht immer angenehm, da er sie so hervortreten ließ aus der Gemeinschaft der REIKI-Meister. Heute, nach Furomotos Tod ist es meines Wissens Johannes Reindl.

Es gibt andere, die sich Großmeister nennen. Das halte ich für vermessen und unangebracht. Aber die Menschheit braucht Narren, so soll sie sie haben…

DIE WENIGEN, ABER WICHTIGEN „REGELN"

Die Lebensregeln des REIKI sind, wie ich finde, das Fundament dieser wundervollen Praxis. Diese Regeln sind bewusst einfach gehalten, fast wie die zehn Gebote – wenn ich diesen großen Vergleich wagen darf.

Usui Sensei, der Begründer des REIKI, hat diese Regeln tief in seine Arbeit integriert, und sie werden bis heute in Japan täglich rezitiert. Ich mache das auch. Ich empfinde es als wunderbar, damit den Tag zu beginnen. Erlernt habe ich die Regeln von Frank. A. Petter.

Im REIKI geht man davon aus, dass zuerst der Energielos im Geist, also zur und von der Seele her, geheilt werden wird, bevor der Körper sein natürliches Gleichgewicht wiederfinden kann.

In der REIKI-Gemeinschaft gibt es unterschiedliche Ansichten zu diesem Themenkreis. Die Regeln sind bei allen eine wichtige Säule:

Einige sehen die Lebensregeln als Mantras, die rein durch ihre Wiederholung wirken, während andere glauben, dass man die Bedeutung der Worte vollständig verstehen sollte. Manche bevorzugen das Rezitieren des japanischen Originals, während andere sich auf die deutsche Übersetzung konzentrieren.

Mein Standpunkt ist: Die Lebensregeln sollten verständlich sein. Wenn du sie als Mantra zur Beruhigung des Geistes während einer Meditation nutzen möchtest, empfehle ich die Originaltexte als besonders kraftvoll.

Diese Regeln in dein tägliches Leben zu integrieren ist erstrebenswert. Rufe sie immer wieder ins Bewusstsein, sodass sie dein tägliches Leben bereichern und dich begleiten. Besonders zu Beginn deiner REIKI-Reise kann das regelmäßige Beschäftigen mit diesen Regeln zu einer faszinierenden und tiefen Auseinandersetzung mit dir selbst führen. Die Lebensregeln können dir helfen, mehr Klarheit, Frieden und Harmonie in deinen Alltag zu bringen.

Die Lebensregeln von Usui – wie ich sie verstehe:

1. Gerade heute ärgere dich nicht.
2. Gerade heute sorge dich nicht.
3. Sei dankbar für die vielen Segnungen.
4. Verdiene dein Brot ehrlich.
5. Sei freundlich zu allem, was lebt.

Wenn du diese Regeln in dein tägliches Leben einfließen lässt, wirst du feststellen, wie sie deine Perspektive und dein Wohlbefinden verändern können. Diese einfachen, aber tiefgreifenden Prinzipien können helfen, deinen Geist zu klären und dein Herz zu öffnen, wodurch du mehr Frieden und Harmonie in deinem Leben erfährst.

Zu den Regeln konnte ich Kurzgedichte entwerfen, die in der Tradition der Limericks entstanden sind, vielleicht ist das ein Weg, die Lebensregeln für dich auf einem anderen Weg zu eröffnen:

1. **Gerade heute ärgere dich nicht.**

Gerade heute, ärgere dich nicht,
Denn Frust bringt nichts ans Tageslicht.
Ein Lächeln stattdessen,
Könnt' Kummer vergessen,
Und bringt dir ein helles Gesicht.

2. **Gerade heute sorge dich nicht.**

Gerade heute, sorge dich nicht,
Denn Sorgen verdunkeln die Sicht.
Leb' frei und unbeschwert,
Genieß' was dir gehört,
So strahlt dir das Leben in Licht.

3. **Sei dankbar für die vielen Segnungen.**

Sei dankbar für die vielen Segnungen,
Für Freundschaft und liebe Begegnungen.
Das Herz voller Freude,
Verwandelt das Heute,
In Tage mit strahlenden Begleitungen.

4. **Verdiene dein Brot ehrlich**

Verdiene dein Brot stets ehrlich,
Das Leben verläuft dann viel wärmlich.
Mit Anstand und Treu',
Bleibt das Herz immer neu,
Und der Alltag wird freudig und herrlich.

5. **Sei freundlich zu allem, was lebt.**

Sei freundlich zu allem, was lebt,
Egal, ob es krabbelt oder schwebt.
Mit Herz und mit Hand,
Schaffst du ein freundliches Band,
Das jedem den Tag schöner webt.

EIN PAAR WEITERFÜHRENDE WORTE ZU DEN RE-GELN

Selbst habe ich die Erfahrung gemacht, dass es nicht immer leicht ist, die Lebensregeln des REIKI jederzeit und in jeder Situation umzusetzen. Oft stehen wir vor Herausforderungen, die es schwierig machen, im Einklang mit diesen Regeln zu handeln. Doch genau hier liegt ihre wahre Kraft: Es geht nicht darum, in jedem Moment perfekt zu sein, sondern darum, sich immer wieder daran zu erinnern, was wirklich zählt – die Liebe, die im Hier und Jetzt lebendig ist.

Die Lebensregeln sind wie sanfte Wegweiser, die uns helfen, unseren Fokus auf das Wesentliche zu richten. Sie erinnern uns daran, dass es im Leben nicht um Vollkommenheit geht, sondern um die Güte und Liebe, die wir in jedem Augenblick wählen können.

Wenn wir uns im richtigen Moment an diese Regeln erinnern, können sie uns dabei unterstützen, liebevoller, achtsamer und bewusster zu handeln – sowohl uns selbst als auch anderen gegenüber.

Es ist wichtig zu verstehen, dass die Lebensregeln uns nicht unter Druck setzen sollen. Vielmehr laden sie uns ein, uns kontinuierlich zu bemühen, die Liebe in allem zu erkennen, was ist. Sie erinnern uns daran, dass das Leben im Hier und Jetzt stattfindet und dass jeder Augenblick eine Gelegenheit ist, uns mit unserer inneren Güte zu verbinden.

Wenn du dich daran erinnerst, dass die Lebensregeln nicht als strenge Gebote, sondern als liebevolle Begleiter auf deinem Weg gedacht sind, kannst du sie bestimmt leichter in dein tägliches Leben integrieren. Sie dienen als Unterstützung, um in schwierigen Momenten den richtigen Weg zu finden und mit einem offenen Herzen durch das Leben zu gehen.

Erinnere dich daran: Es geht nicht darum, immer alles richtig zu machen, sondern darum, immer wieder zu versuchen, mit Liebe und Güte im Hier und Jetzt zu leben. Die Lebensregeln sind vielleicht dein Kompass, der dir hilft, diesen Weg zu gehen, auch wenn er manchmal steinig sein mag.

Sie unterstützen dich dabei, im Einklang mit deinem wahren Selbst zu bleiben und die Welt um dich herum mit mehr Mitgefühl und Achtsamkeit zu betrachten.

1. Gerade heute ärgere dich nicht:

Ärger ist ein natürliches Gefühl, es überkommt uns alle von Zeit zu Zeit. Es ist wichtig, den Ärger zu verarbeiten und ihn nicht die Kontrolle über unser Verhalten übernehmen zu lassen. Wenn du merkst, dass du ärgerlich wirst, halte inne und erinnere dich an diese wichtige Regel.

Nimm den Ärger an und verstehe seine Wurzel. Nur wenn wir den Ärger akzeptieren und zulassen, können wir ihn liebevoll annehmen und dann loslassen. Dies ist ein wesentlicher Schritt zur emotionalen Balance. Indem wir Wut in Liebe verwandeln, erfahren wir Transformation und inneren Frieden.

Übe dich in Achtsamkeit und beobachte deine Emotionen ohne Urteil. Wenn der Ärger auftaucht, erkenne ihn als Teil deines Erlebens und lass ihn mit Mitgefühl und Vergebung los. Es ist wichtig, diese Gefühle wahrzunehmen. Sie möchte angenommen und auch in Liebe angenommen sein. Nur so ist es möglich, Liebe weiter wachsen zu lassen. Nutze den Ärger positiv, indem du ihn als Chance für persönliches Wachstum und Selbstliebe betrachtest.

Vergebung spielt hierbei eine zentrale Rolle. Sie erlaubt es uns, den Ärger loszulassen und uns von negativen Emotionen zu befreien. Mit jedem bewussten Loslassen des Ärgers schaffen wir Raum für mehr Frieden, Freude und Liebe in unserem Leben.

2. **Gerade heute sorge dich nicht:**

Sorgen sind oft das Resultat von Ängsten und Unsicherheiten, die uns in einen Strudel negativer Gedanken ziehen können. Diese Regel erinnert uns daran, im Hier und Jetzt zu leben und Vertrauen in den Fluss des Lebens zu haben.

Sorgen loszulassen bedeutet, die Ängste in dem, was sie sind, anzunehmen. Sie liebevoll anzunehmen und schlussendlich wieder gehen zu lassen. Die Angst braucht die liebevolle Achtsamkeit, damit sie sich in das zurückverwandeln kann, was sie einmal war: Liebe, Vertrauen. Statt sich in negativen Gedanken zu verlieren, übe dich in Achtsamkeit und Gegenwärtigkeit. Sei präsent im Moment und erkenne, dass viele Sorgen unbegründet sind und sich oft in Luft auflösen, wenn wir ihnen nicht mehr unsere Energie geben.

Indem du lernst, Gelassenheit entstehen zu lassen, förderst du dein Selbstvertrauen und deine Selbstliebe. Siehe die Angst als Beraterin, die dir wichtige Hinweise gibt, aber lass sie nicht die Oberhand gewinnen. Transformiere die Angst in Mut und nutze sie als Antrieb, um inneren Frieden und Ruhe zu finden. Wie Byron Katie sagt: „Liebe, was ist."

Vertraue darauf, dass sich alles zum Besten fügen wird. Das Leben hat seine eigene Weise, sich zu entfalten, und oft werden Lösungen und positive Entwicklungen sichtbar, wenn wir loslassen und im Jetzt sind, bleiben und das sogar genießen können. Mit dieser Haltung öffnest du dich für ein Leben voller Gelassenheit und innerer Ruhe.

3. Sei dankbar für die vielen Segnungen:

Dankbarkeit öffnet das Herz und bringt uns in eine positive Schwingung, die unser gesamtes Leben beeinflusst. Dankbarkeit ist die kleine Schwester des Erfolges!

Nimm dir jeden Tag Zeit, um die kleinen und großen Dinge in deinem Leben zu schätzen. Dankbar zu sein bedeutet, die Segnungen des Lebens zu erkennen und wertzuschätzen, was zu einer tiefen Zufriedenheit und einem Gefühl von Selbstliebe führt.

Die Praxis der Dankbarkeit kann Wunder wirken und dein Leben auf magische Weise bereichern. Führe z.B. ein Dankbarkeitstagebuch, in dem du Dinge notierst, für die du dankbar bist. Dies hilft dir, den Fokus auf das Gute und Angemessene zu lenken und eine Haltung der Dankbarkeit zu entwickeln.

Dankbarkeit und Vergebung gehen Hand in Hand. Wenn du dankbar bist, fällt es dir leichter, zu vergeben und alte Wunden zu heilen. Dies ermöglicht es dir, loszulassen und Raum für positive Transformation in deinem Leben zu schaffen.

Betrachte Dankbarkeit als eine Lebenshaltung, die nicht nur deine Beziehungen und dein Wohlbefinden, sondern auch deine Spiritualität vertieft. Sie bringt dich in Einklang mit dem Fluss des Lebens und lässt dich die Schönheit und Fülle des gegenwärtigen Moments erleben.

Durch regelmäßige Praxis der Dankbarkeit stärkst du dein Glück und deine Zufriedenheit. Du lernst, selbst in herausfordernden Zeiten das Gute zu sehen und eine tiefe innere Freude zu kultivieren. Dankbarkeit ist ein Schlüssel zu einem erfüllten und harmonischen Leben.

4. **Verdiene dein Brot ehrlich:**

Ehrlichkeit und Integrität sind die Grundlagen für ein erfülltes und sinnvolles Leben. Achte darauf, dass du in deinem Tun und Handeln stets ehrlich bist – gegenüber anderen und, was noch wichtiger ist, gegenüber dir selbst. Ein ehrliches Leben führt zu innerem Frieden, Zufriedenheit und einem tiefen Gefühl der Erfüllung.

Ein starkes Arbeitsethos und eine ehrliche Lebensweise sind essenziell, um angemessen und wahrhaftig zu leben. Dies bedeutet, dass du nicht nur deinen Lebensunterhalt verdienst, sondern dies auf eine Weise tust, die mit deinen Werten und Prinzipien im Einklang steht.

Diese Integrität ermöglicht es dir, einen ehrlichen Lohn zu erzielen, der dir nicht nur materielle, sondern auch emotionale und spirituelle Belohnungen bringt.

Eigenständigkeit und die Fähigkeit, für sich selbst zu sorgen, sind wichtige Aspekte eines erfüllten Lebens. Wenn du dein Brot ehrlich verdienst, entwickelst du eine tiefe Verbindung zu deinem Beruf und deiner Berufung. Diese Verbindung fördert Fleiß und Erfolg, was wiederum zu einer Belohnung führt, die über das Materielle hinausgeht.

Ehrlicher Verdienst schafft einen inneren Reichtum, der weit wertvoller ist als äußerlicher Wohlstand. Dieser innere Reichtum manifestiert sich in Form von Selbstrespekt, Stolz und der Gewissheit, dass du deinen Erfolg auf eine ethisch und moralisch einwandfreie Weise erreicht hast.

Indem du dich an diesen Prinzipien orientierst, wirst du nicht nur im Beruf, sondern auch im persönlichen Leben Erfüllung und Zufriedenheit finden. Ehrlichkeit und Integrität sind die Schlüssel zu einem harmonischen und bedeutsamen Leben, in dem der wahre Reichtum im Inneren liegt.

5. Sei freundlich zu allem, was lebt:

Freundlichkeit ist eine kraftvolle Energie, die in der Lage ist, positive Veränderungen zu bewirken und das Leben schöner zu gestalten. Behandle alle Lebewesen – Menschen, Tiere und Pflanzen – mit Respekt, Liebe und Zugewandtheit. Diese Regel erinnert uns daran, dass wir alle miteinander verbunden sind und durch Freundlichkeit die Welt ein Stück besser machen können.

Freundliches Verhalten und Herzlichkeit im Alltag schaffen eine Atmosphäre von Offenheit und Empathie. Indem wir anderen mit Freundlichkeit begegnen, fördern wir Toleranz und ein harmonisches Miteinander.

Dies gilt nicht nur für zwischenmenschliche Beziehungen, sondern auch für unsere Interaktionen mit der Natur und allen Lebewesen.

Zugewandtheit und Offenheit gegenüber neuen Perspektiven und Standpunkten bereichern unser Leben und erweitern unseren Horizont. Empathie im Alltag bedeutet, die Gefühle und Bedürfnisse anderer wahrzunehmen und zu respektieren. Dies erfordert eine gewisse Flexibilität und die Bereitschaft, Neues auszuprobieren und Unbekanntes zu entdecken.

Durch freundliches Verhalten und respektvolle Kommunikation können wir Barrieren abbauen und ein Umfeld schaffen, in dem jeder sich wertgeschätzt und verstanden fühlt. Freundlichkeit hat die Kraft, Herzen zu öffnen und Verbindungen zu stärken, die auf Vertrauen und Respekt basieren.

Indem wir diese Prinzipien in unser tägliches Leben integrieren, tragen wir dazu bei, eine Gemeinschaft aufzubauen, die von Offenheit, Respekt und liebevoller Fürsorge geprägt ist. Freundlichkeit ist nicht nur ein Akt des Gebens, sondern auch ein Weg, um selbst Erfüllung und inneren Frieden zu finden. Sie ist eine einfache, aber tiefgreifende Methode, um die Welt positiv zu verändern und ein Vorbild für andere zu sein.

Aber: Freundlichkeit ist auch, sich durchzusetzen, wenn es angebracht erscheint. Auch das ist in Freundlichkeit möglich. Es heißt also: Freundlichkeit, nicht alles hinnehmen...

Indem du diese Regeln in dein Leben integrierst, wirst du feststellen, dass sie dir helfen, ein ausgeglicheneres und erfüllteres Leben zu führen. Sie sind nicht nur Leitlinien, sondern auch Werkzeuge, die dir in schwierigen Momenten Unterstützung bieten können.

Da die Regeln so wichtig sind, noch einmal in aller Kürze:

Gerade heute...   **ärgere Dich nicht!**

sorge Dich nicht!

sei dankbar!

arbeite hart!

sei höflich zu Deinen Mitmenschen!

Denke einmal selbst über die genannten „Regeln" nach. Was bedeuten sie für Dich?

ÜBUNGSPFEILER, AUF DENEN REIKI RUHT

REIKI ist eine bewusste Entscheidung, deinem Leben eine neue Wendung zu geben. Diese Entscheidung muss jeden Tag aufs Neue innerlich bestätigt werden. Denn eines ist sicher: Wenn du etwas in deinem Leben ändern willst, dann tu es selbst. Niemand anders kann das für dich übernehmen.

Versuche, die REIKI-Übungen so oft wie möglich in deinen Wochenplan zu integrieren. Regelmäßigkeit kann dir helfen, durchzuhalten. Denn das Seminar I mit seinen Einweihungen ist der Anfang, nicht das Ende deiner Reise mit REIKI. Dein REIKI-Lehrer wird auch nach dem Seminar für dich da sein. Zögere nicht, ihn zu fragen, wenn dir etwas unklar ist.

Die Entscheidung, REIKI in dein Leben zu integrieren, bedeutet, aktiv an deiner eigenen Heilung und deinem Wachstum zu arbeiten. Es ist ein Weg der Selbstverantwortung und Selbsterkenntnis. Regelmäßige Übungen und die Verbindung zu deinem REIKI-Lehrer werden dir helfen, diesen Weg erfolgreich zu beschreiten.

EIN PAAR TIPPS FÜR DEINEN ALLTAG:

1. **Morgenritual:** Beginne deinen Tag mit einer kurzen REIKI-Sitzung. Nimm dir fünf bis zehn Minuten Zeit, um dich auf die Energie einzustimmen und dich für den Tag zu zentrieren.

2. **Mittagspause:** Nutze eine kurze Pause während des Tages, um dich erneut mit REIKI zu verbinden. Dies kann helfen, Stress abzubauen und dir neue Energie zu geben.

3. **Abendroutine:** Beende deinen Tag mit einer REIKI-Sitzung, um den Stress des Tages loszulassen und deinen Geist zu beruhigen. Dies kann dir helfen, besser zu schlafen und am nächsten Tag erfrischt aufzuwachen.

4. **Wöchentliche Übungstreffen:** Wenn möglich, schließe dich einer REIKI-Gruppe an oder organisiere regelmäßige Treffen mit anderen Praktizierenden. Der Austausch mit Gleichgesinnten kann sehr bereichernd sein und dich in deiner Praxis unterstützen.

5. **Fortlaufende Weiterbildung:** Nutze die Gelegenheit, dich weiterzubilden und deine Fähigkeiten zu vertiefen. Besuche weiterführende Seminare, Workshops oder lese Bücher über REIKI und verwandte Themen.

Indem du diese Tipps für dich überdenkst, abwägst und dann die für dich guten befolgst und REIKI fest in deinen Alltag integrierst, wirst du die positiven Wirkungen auf dein

Leben verstärken und ein tieferes Verständnis und Bewusstsein entwickeln.

MEDITATION – WARUM IM REIKI?

Ja zum Thema Meditation gibt es ja schon viel auf dem Markt zu lesen und viele Seminare zu besuchen. Im REIKI sehe ich Meditation als Möglichkeit, sich für REIKI zu öffnen und Raum zu schaffen für das wichtigste im Leben: Das Leben selbst! Und: Für die Liebe, die am Ende alles zusammen hält.

Was ist bei der Meditation im groben zu beachten?

Ich gebe Dir hier 10 Hinweise. Bitte bewege die Hinweise in Dir. Wenn ein Hinweis, dir weiter hilft, nutze ihn!

1. Die Körperhaltung: Nein, du brauchst Deine Beine nicht zu verknoten oder andere Akrobatik vollbringen. Sitzen ist für den Anfang völlig in Ordnung. Sitzen ist eine Position, in der man zumindest nicht sofort einschläft. Hilfsmittel wie Meditationskissen und Meditationsbank sind wunderbar und helfen, die Beine nicht zu verdrehen, aber den Rücken entspannt aufrecht zu halten.

2. Der Umgang mit Gedanken
   Meditation heißt am Anfang, achtsam seinen Gedanken zu lauschen, ohne sich von ihnen mitreißen zu lassen. Es geht um eine bewusste Wahrnehmung dessen, was gerade in Dir geschieht.

Deine Gedanken werden wahrscheinlich wie die Wellen am Strand auf Dich zu wallen und wieder abschwellen, wenn du sie lässt. Das wichtige für dich: Nur beobachten! Lasse die Gedanken ziehen. Nimm die Gedanken wahr, in Liebe und Achtsamkeit. Dann lasse sie wieder gehen. Mehr wollen sie gar nicht. Ähnlich ist es mit Deinen Gefühlen. Auch diese wollen gespürt werden, in Liebe angenommen und wahrgenommen werden.

3. Das nächste ist die Atmung.
   Ja, Du liest richtig: Die Atmung ist ein wichtiger Punkt in der Meditation. In Indien wird von einigen Yoga-Lehrern allein durch die Atmung geheilt. Das zeigt, wie wichtig die Atmung im Leben ist.
   Das schöne der Atmung ist: Sie findet im „Normalfall" von allein statt.
   Versuche Deiner Atmung in Achtsamer Aufmerksamkeit zu folgen. Versuche sie unbeeinflusst von Gedanken fließen zu lassen. Beobachte, wie Du idealer Weise in den Bauch atmen kannst, entspannt und weit. Wie der Atem wieder wunderbar aus Dir herausfließen kann. Die kurzen, aber bemerkbaren, Pausen. Es ist einfach schön, das in Bewusstheit zu erfahren.

4. Dauer, Zeit und Häufigkeit
   Das ist etwas sehr persönliches: Fange an, lieber öfter kurz zu meditieren, als gleich am Anfang Dich zu überfordern. Ich fing mit der Kerzenmeditation von Robert Betz an. Die benötigt am Anfang nur 2 Minuten.
   Es ist hier wichtiger, sich eine Art Ritual anzutrainieren. Denn der Geist braucht das Medikament Mediation regelmäßig und in angemessener Form.

Die Zeit ist ein guter Punkt. Bitte suche Dir eine Zeit aus, die du regelmäßig für Dich frei hast. Lasse diese Zeit als wichtigen Termin in deinem Tagesablauf auftauchen. Es ist am Anfang nicht immer einfach, aber Versuche es für Dich durchzudrücken. Es lohnt sich!

5. Bitte akzeptiere während der Meditation alles, was da ist. Das ist wichtig. Oben ist ja angeklungen, dass alles kurz in Liebe angenommen sein will. Das ist in der Meditation erst Recht so. Denn nur durch Akzeptanz, liebevollen Annehmen wird das Loslassen möglich! In diesem Zusammenhang möchte ich darauf hinweisen, dass auch die einem negativ erscheinenden Gedanken und Gefühle das erleben wollen. Nur so können sie in eine Transformation geraten, so dass Du sie wieder loslassen kannst – und sie Dich.

6. Wach bleiben!
Bitte bedenke, dass Achtsamkeit und Liebe im Zusammenhang der Meditation nur im wachen Zustand wirken können. So Versuche eine Zeit und einen Raum für Dich zu finden, in dem Du tatsächlich Achtsam, damit wach bleiben kannst, so dass Du meditieren kannst. Du wirst reich entlohnt werden!

Gassho Meditation

Gassho bedeutet „zwei zusammenkommende Hände". Usui Sensei soll diese Meditation häufig angewandt haben. Sie eignet sich hervorragend, um sich auf eine REIKI-Sitzung einzustimmen oder einen Tag ausklingen zu lassen. Die Meditation ist einfach und kann von jedem durchgeführt werden. Besonders effektiv ist sie als Gruppenmeditation, da sich die Energie der einzelnen Teilnehmer durch die gemeinsame Meditation nicht nur summiert, sonder potenziert. Das ist eine sehr große Steigerung.

Die Bedeutung von Gassho

Die Gassho-Meditation ist mehr als nur eine einfache Übung. Sie hilft dir, dich zu zentrieren, deinen Geist zu beruhigen und dich auf die heilende Energie von REIKI einzustimmen. Durch das Zusammenführen der Hände entsteht ein symbolischer und energetischer Kreislauf, der deine innere Balance fördert und dich in Verbindung mit der universellen Lebensenergie bringt.

So führst du die Meditation durch:

1. **Vorbereitung:** Setze dich bequem hin, entweder auf einem Stuhl oder im Schneidersitz auf dem Boden. Schließe deine Augen und atme ein paar Mal tief durch, um dich zu entspannen.

2. **Hände zusammenführen:** Bringe deine Hände vor deinem Brustbein zusammen, als würdest du beten. Die Handflächen sollten sich berühren und die Finger nach oben zeigen. Dies ist die angestrebte Gassho-Position.

3. **Aufmerksamkeit fokussieren:** Richte deine Aufmerksamkeit auf den Punkt, an dem sich deine Mittelfinger berühren. Lasse alle anderen Gedanken los und konzentriere dich nur auf diesen Berührungspunkt.

4. **Atme ruhig:** Atme ruhig und gleichmäßig weiter. Wenn ablenkende Gedanken auftauchen, nimm sie wahr, sei ihnen gegenüber liebevoll und lasse sie den Berührungspunkt deiner Finger lenkst.sanft los, indem du deine Aufmerksamkeit wieder auf.

5. **Entspanne dich:** Es geht nicht darum, etwas zu erreichen, sondern einfach nur im Hier und Jetzt zu sein. Spüre, wie sich dein Körper entspannt und dein Geist ruhig wird.

Die Gassho-Meditation in deinen Alltag integrieren

Ich empfehle aus eigener Erfahrung, die Gassho-Meditation möglichst täglich in deinen Tagesablauf zu integrieren. Wie bei jeder Methode gilt auch hier: Eine Meditation wirkt bei verschiedenen Menschen unterschiedlich. Wenn dir diese Meditation nicht zusagt oder du inneren Widerstand spürst, finde bitte andere Wege, dich zu zentrieren und zu konzentrieren.

Tipps für eine erfolgreiche Gassho-Meditation

1. **Regelmäßigkeit:** Versuche, die Gassho-Meditation jeden Tag zur gleichen Zeit durchzuführen. Dies könnte morgens nach dem Aufwachen oder abends vor dem Schlafengehen sein.

2. **Ruhiger Ort:** Finde einen ruhigen und ungestörten Ort, an dem du dich wohlfühlst und nicht abgelenkt wirst.

3. **Offenheit:** Sei offen für die Erfahrungen, die während der Meditation auftreten. Jeder Tag kann unterschiedlich sein, und das ist völlig in Ordnung.

4. **Geduld:** Wenn es dir schwerfällt, deine Gedanken zu beruhigen, sei geduldig mit dir selbst. Mit der Zeit wird es einfacher werden.

Jeder, der Meditationstechniken kennt, weiß: Versucht man, Ruhe in den Geist einkehren zu lassen, stürmen die Gedanken oft wie ein wilder Hühnerhaufen durch den Kopf. Daher ist es wichtig, deine geistige Aufmerksamkeit von allen Gedanken und Gefühlen zu trennen, ohne dich ihnen zu verschließen – bleib offen! Ein Verschließen würde den inneren Dialog nur noch verstärken. Indem du dich auf die Gassho-Meditation einlässt, kannst du eine tiefe innere Ruhe und ein stärkeres Gefühl der Verbundenheit mit der REIKI-Energie erfahren.

Reiji Ho

Reiji Ho kann man vielleicht als „Die Methode der hinweisenden REIKI-Kraft" ins Deutsche übersetzen. Diese Methode ist ein wesentlicher Bestandteil der REIKI-Praxis und besteht aus mehreren kleinen, aber bedeutenden Ritualen. Jedes dieser Rituale spielt eine wichtige Rolle dabei, dich in den Zustand zu versetzen, in dem du die heilende Energie von REIKI gezielt nutzen kannst.

Was ist Reiji Ho?

Reiji Ho hilft dir, dich auf die heilende Energie zu fokussieren und sie effektiv zu kanalisieren. Durch die schrittweise Vorbereitung und das bewusste Einbeziehen der REIKI-Kraft kannst du sicherstellen, dass du als klarer und offener Kanal für die Energie fungierst. Dies ermöglicht es dir, die REIKI-Energie präzise und kraftvoll dort hinzulenken, wo sie am meisten benötigt wird, sei es bei dir selbst oder bei deinen Klienten.

Die Schritte von Reiji Ho

Die Praxis von Reiji Ho verbindet dich tief mit der universellen Lebensenergie und fördert deine Intuition. Sie unterstützt dich dabei, die Stellen im Körper zu erkennen, die besondere Aufmerksamkeit und Heilung brauchen. Hier sind die wesentlichen Schritte, um Reiji Ho effektiv zu praktizieren:

1. **Vorbereitung:** Setze dich in eine bequeme Position. Schließe deine Augen und verbinde dich bewusst mit der REIKI-Kraft. Bitte die universelle Energie, dich zu durchströmen. Wiederhole deine Absicht, dass REIKI durch dich hindurch fließen mag.

2. **Fokussierung auf den Klienten- auf Dich:** Stelle dir vor, wie die REIKI-Energie durch deine Hände fließt. Konzentriere dich auf deinen Klienten und sende deine Gedanken an seine Heilung. Dies kann durch Visualisierung oder stille Affirmationen geschehen.

3. **Hinweisen der Energie:** Bewege deine Hände sanft über den Körper des Klienten, wobei du dich auf die Stellen konzentrierst, die besondere Aufmerksamkeit benötigen. Achte auf deine Intuition und spüre, wo die Energie am stärksten benötigt wird. Dies kann durch Wärme, Kribbeln oder andere körperliche Gefühle angezeigt werden.

4. **Energie fließen lassen:** Lasse die Energie frei durch deine Hände strömen, ohne zu forcieren. Vertraue darauf, dass die Energie genau dort wirkt, wo sie am meisten benötigt wird. Bleibe ruhig und gelassen, während die Heilung stattfindet.

5. **Abschluss der Sitzung:** Beende die Sitzung, indem du dich bei der REIKI-Kraft bedankst. Öffne langsam deine Augen und nimm dir einen Moment, um die Erfahrung zu reflektieren. Du kannst auch einen kurzen Moment der Stille einlegen, um die Wirkung der Heilenergie nachklingen zu lassen.

Stärkung deiner Verbindung zur REIKI-Kraft

Durch die sorgfältige Durchführung der einzelnen Schritte von Reiji Ho stärkst du deine Verbindung zur REIKI-Kraft und verbesserst deine Fähigkeit, diese heilende Energie gezielt einzusetzen. Jeder Schritt, den du bewusst und achtsam ausführst, trägt dazu bei, deine Sensibilität und dein Bewusstsein für die Lebensenergie zu erhöhen. Indem du dich voll und ganz auf die Praxis von Reiji Ho einlässt, förderst du nicht nur deine technische Fertigkeit, sondern entwickelst auch eine tiefere intuitive Wahrnehmung. Diese Achtsamkeit ermöglicht es dir, die subtilen Signale und Impulse der REIKI-Energie klarer zu erkennen und zu interpretieren. Du wirst empfindsamer für die Bedürfnisse deines eigenen Körpers und der Menschen, die du behandelst.

Reiji Ho erfordert eine Haltung der Herzlichkeit und Aufgeschlossenheit. Du öffnest dein Herz und deinen Geist für die heilende Energie und lässt sie frei durch dich fließen. Diese Praxis hilft dir, eine tiefe emotionale Verbindung zu den Menschen aufzubauen, die du behandelst. Du wirst in der Lage sein, ihre Bedürfnisse intuitiv zu erkennen und darauf einfühlsam zu reagieren. Die regelmäßige Praxis von Reiji Ho fördert deine Empfindsamkeit und deine Fähigkeit, Liebe zu geben und zu empfangen. Diese Liebe ist bedingungslos und universell – eine Kraft, die alles durchdringt und belebt. Indem du diese Liebe in deine REIKI-Praxis integrierst, schaffst du einen heilenden Raum, in dem wahre Transformation stattfinden kann.

Achtung und Vergebung sind wesentliche Elemente der REIKI-Praxis. Durch Reiji Ho lernst du, sowohl dir selbst als auch anderen mit tiefer Achtung und Wertschätzung zu begegnen. Du erkennst die Einzigartigkeit und Würde jedes Menschen an. Gleichzeitig fördert die Praxis die Fähigkeit zur Vergebung – die Bereitschaft, alte Wunden loszulassen und Heilung auf tiefer Ebene zu ermöglichen. Liebe ist die Essenz der REIKI-Energie. Sie ist die Quelle allen Lebens und die Kraft, die uns miteinander verbindet. Liebe bedeutet, sich selbst und anderen mit Mitgefühl, Respekt und Wohlwollen zu begegnen. In der Praxis von Reiji Ho wird diese Liebe durch deine Hände weitergegeben, um Heilung und Harmonie zu fördern. Indem du Liebe in deine REIKI-Sitzungen einfließen lässt, trägst du dazu bei, ein Gefühl der Ganzheit und des Friedens zu schaffen.

Durch die sorgfältige Durchführung der einzelnen Schritte von Reiji Ho stärkst du somit nicht nur deine Verbindung zur REIKI-Kraft und verbesserst deine Fähigkeit, diese heilende Energie gezielt einzusetzen. Die Praxis fördert nicht nur deine technische Fertigkeit, sondern auch deine intuitive Wahrnehmung, Achtsamkeit, Herzlichkeit, Aufgeschlossenheit, Empfindsamkeit, Liebe, Achtung und Vergebung. Indem du diese Qualitäten in deine REIKI-Praxis integrierst, schaffst du eine kraftvolle und heilende Erfahrung für dich selbst und für diejenigen, die du behandelst.

Reiji Ho ist mehr als nur eine Technik; es ist eine tiefgehende Praxis, die dich mit der universellen Lebensenergie verbindet. Indem du dich auf diese Methode einlässt, kannst du die REIKI-Kraft nicht nur nutzen, sondern auch weiterentwickeln. So wirst du immer besser darin, diese heilende Energie mit Bedacht und Intuition einzusetzen – zum Wohl deiner selbst und deiner Mitmenschen.

Chiryo

„Chiryo" lässt sich mit unserem Begriff „Behandlung" übersetzen. Bei der Behandlung anderer gibt es verschiedene
Ansätze, wie die Sitzungssituation gestaltet werden kann. In
meiner Praxis liegen die Klienten auf einer Massagebank,
die für mich in der richtigen Höhe ist, sodass ich im Stehen
arbeiten kann. Die traditionelle Art, wie sie aus Japan bekannt ist, sieht jedoch anders aus. Dort liegt der Klient auf
einem Futon auf dem Boden, und der Behandler sitzt -
kniend - daneben und arbeitet mit den ihm bekannten
Handstellungen. Diese Handstellungen erkläre ich im Folgenden genauer.

So führst du eine Chiryo-Behandlung durch:

1. **Vorbereitung:** Der Klient liegt entspannt auf der
   Massagebank oder dem Futon. Es ist wichtig, dass
   der Klient in einer bequemen Position liegt, damit er
   sich vollständig entspannen kann und die Energie frei
   durch seinen Körper fließen kann. Die Umgebung
   sollte ruhig und angenehm sein, mit gedämpftem
   Licht und einer entspannten Atmosphäre. Vielleicht
   möchtest du sanfte Hintergrundmusik oder
   Naturgeräusche abspielen, um die Entspannung zu
   fördern.

   Der Behandler befindet sich in der Nähe, bereit, die
   Sitzung zu beginnen. Es ist entscheidend, dass auch
   der Behandler ruhig und zentriert ist. Bevor die ei-
   gentliche Behandlung beginnt, kann der Behandler
   einige Momente der Stille nutzen, um sich selbst zu

erden und mit der REIKI-Energie zu verbinden. Dies kann durch einige tiefe Atemzüge oder eine kurze Meditation geschehen.

Schritte zur Vorbereitung der Sitzung:

Umgebung schaffen: Stelle sicher, dass der Raum sauber und ordentlich ist. Entferne störende Gegenstände und sorge für eine angenehme Temperatur. Verwende weiche Decken und Kissen, um den Komfort des Klienten zu gewährleisten.

Atmosphäre gestalten: Verwende ätherische Öle oder Räucherstäbchen, um eine beruhigende Atmosphäre zu schaffen. Wähle beruhigende Düfte wie Lavendel oder Sandelholz. Eine sanfte Hintergrundmusik oder Naturgeräusche können helfen, eine entspannende Umgebung zu schaffen.

Kommunikation: Begrüße den Klienten freundlich und erkläre den Ablauf der Sitzung, insbesondere wenn es seine erste REIKI-Behandlung ist. Ermutige den Klienten, Fragen zu stellen und jegliche Bedenken zu äußern. Eine klare Kommunikation hilft dem Klienten, sich sicher und wohl zu fühlen.

Durch diese vorbereitenden Schritte schaffst du eine harmonische und unterstützende Umgebung für die REIKI-Sitzung. Der Klient fühlt sich sicher und geborgen, während du dich auf die heilende Arbeit einstimmst. Die Verbindung zur REIKI-Energie wird gestärkt, und du bist bereit, die heilende Kraft gezielt und effektiv zu nutzen.

2. **Einstimmung:** Der Behandler kann einige tiefe Atemzüge nehmen, um sich zu zentrieren und mit der

REIKI-Energie zu verbinden. Dies hilft, den Geist zu beruhigen und sich auf die bevorstehende Sitzung vorzubereiten. Visualisiere, wie die REIKI-Energie durch dich fließt und sich in deinen Händen sammelt.

Energetische Verbindung: Halte deine Hände über das Kronenchakra des Klienten, um die energetische Verbindung herzustellen. Spüre die REIKI-Energie, die durch deine Hände fließt, und nimm wahr, wie sie den Körper des Klienten durchströmt. Wiederhole mental oder leise deine Absicht, dass die REIKI-Energie frei und heilend durch dich zum Klienten fließt.

3. **Durchführung:** Während der gesamten Sitzung lässt der Behandler seine Hände frei über den Körper des Klienten wandern, geführt von den REIKI-Impulsen. Diese Impulse können als subtile Hinweise, Empfindungen oder Intuitionen wahrgenommen werden, die den Behandler darauf aufmerksam machen, wo die heilende Energie am meisten benötigt wird. Es ist wichtig, dass der Behandler sich dabei vollständig auf seine Intuition und die Verbindung zur REIKI-Energie verlässt, ohne sich durch logisches Denken oder vorgefasste Meinungen leiten zu lassen.

Beginne am Kronenchakra:
Der Behandler startet in der Regel am Kronenchakra des Klienten, das sich an der Spitze des Kopfes befindet. Hier verweilt er einige Momente, um die Verbindung zur REIKI-Energie zu stärken und den Energiefluss zu initiieren.

Geführtes Handauflegen:

Von dort aus lässt der Behandler seine Hände langsam und sanft über den Körper des Klienten wandern. Die Bewegung der Hände ist dabei nicht vorbestimmt, sondern wird von den REIKI-Impulsen geleitet. Diese Impulse können als Wärme, Kribbeln, Druck oder einfach als ein Gefühl des Wissens wahrgenommen werden.

Fokussierung auf Blockaden:

Wenn der Behandler auf schmerzende oder energetisch blockierte Regionen stößt, verweilt er dort länger. Diese Bereiche können sich durch stärkere Empfindungen oder eine intensivere Energie bemerkbar machen. Der Behandler richtet seine Aufmerksamkeit auf diese Stellen und lässt die REIKI-Energie dort besonders stark fließen.

Behandlung der Chakren:

Der Behandler kann sich auch auf die Hauptchakren des Körpers konzentrieren, um sicherzustellen, dass diese Energiezentren gut versorgt sind. Dies umfasst das Kronenchakra, das dritte Auge, das Halschakra, das Herzchakra, das Solarplexuschakra, das Sakralchakra und das Wurzelchakra. Jedes Chakra wird mit der gleichen Achtsamkeit behandelt, wobei der Behandler auf die spezifischen Bedürfnisse jedes Energiezentrums achtet.

Reise durch den Körper:
Die Hände des Behandlers bewegen sich intuitiv zu verschiedenen Teilen des Körpers, einschließlich des Kopfes, der Schultern, des Bauches, der Beine und der Füße. Überall dort, wo energetische Ungleichgewichte wahrgenommen werden, verweilt der Behandler, um die Energie harmonisch fließen zu lassen.

Beenden der Behandlung:
Zum Abschluss der Sitzung kehrt der Behandler oft zum Kronenchakra zurück, um die Sitzung energetisch abzurunden. Ein sanftes Ausstreichen der Aura kann helfen, die Energie zu glätten und den Klienten in einem Zustand des Gleichgewichts und der Entspannung zu hinterlassen.

Während dieser gesamten Reise durch den Körper des Klienten bleibt der Behandler stets aufmerksam und offen für die Signale, die ihm die REIKI-Energie sendet. Schmerzende oder energetisch blockierte Regionen ziehen mehr Aufmerksamkeit auf sich, da hier die Lebensenergie gestört ist und besonders intensiv fließen muss. Der Behandler lässt sich von diesen Impulsen leiten, um die Blockaden aufzulösen und den natürlichen Energiefluss im Körper des Klienten wiederherzustellen.

Indem der Behandler seine Hände frei und intuitiv über den Körper des Klienten wandern lässt, kann er sicherstellen, dass die REIKI-Energie genau dort wirkt, wo sie am meisten gebraucht wird. Diese Methode fördert eine tiefe Heilung und unterstützt den

Klienten dabei, in einen Zustand des inneren Gleichgewichts und Wohlbefindens zu gelangen.

DETAILLIERTE HANDSTELLUNGEN –
EINE REISE DURCH DIE Chakren

Tauche tiefer in die faszinierende Welt der REIKI-Energie ein, indem du die detaillierten Handstellungen erkundest. Diese Handpositionen, inspiriert von der indischen Denk-Tradition, bieten dir eine umfassende Möglichkeit, den Energiefluss im Körper zu harmonisieren und Blockaden zu lösen. Obwohl Sensei Usui in dieser spezifischen Form nicht gearbeitet haben wird, etablierten sich diese Techniken im europäischen REIKI und bieten eine kraftvolle Ergänzung zur traditionellen Praxis.

Kronenchakra:

Beginne die Behandlung, indem du deine Hand über das Kronenchakra hältst, das sich an der Spitze des Kopfes befindet. Schließe deine Augen, atme tief durch und spüre die Energie, die durch deine Hand fließt. Warte geduldig, bis du die Führung von REIKI wahrnimmst – sei es als Wärme, Kribbeln oder ein Gefühl des Wissens. Lasse die Energie einige Momente dort wirken und genieße die Verbindung zur universellen Lebensenergie.

Drittes Auge:

Bewege deine Hand sanft zum Bereich des dritten Auges, das sich zwischen den Augenbrauen befindet. Spüre die konzentrierte Energie und lasse sie fließen. Das dritte Auge ist das Zentrum der Intuition und Einsicht. Nimm dir Zeit, die Energie an diesem Punkt wirken zu lassen und erlaube deinem Klienten, innere Klarheit und Ruhe zu finden.

Halschakra:

Gehe weiter zum Halschakra, das sich am Hals befindet. Lege deine Hand sanft auf diesen Bereich und lasse die Energie fließen. Das Halschakra ist das Zentrum der Kommunikation und des Selbstausdrucks. Erlaube der REIKI-Energie, Blockaden zu lösen und den freien Ausdruck zu fördern. Warte, bis du das Gefühl hast, dass die Energiearbeit hier vollständig ist und spüre die Befreiung des Ausdrucks.

Herzchakra:

Lege deine Hand über das Herzchakra, das sich in der Mitte der Brust befindet. Lasse die Energie fließen, um emotionale Heilung zu unterstützen. Das Herzchakra ist das Zentrum der Liebe und des Mitgefühls. Nimm dir Zeit, um die heilende Energie hier wirken zu lassen. Erlaube deinem Klienten, sich emotional zu öffnen und die Kraft der Liebe zu empfangen.

Solarplexuschakra:

Wandere weiter zum Solarplexuschakra, das sich oberhalb des Bauchnabels befindet. Lege deine Hand auf diesen Bereich und lasse die Energie fließen. Das Solarplexuschakra ist das Zentrum der persönlichen Macht und des Selbstbewusstseins. Lasse die Energie hier wirken, um das innere Gleichgewicht und die persönliche Stärke zu fördern. Spüre, wie die innere Kraft wächst.

Sakralchakra:

Behandle das Sakralchakra, das sich unterhalb des Bauch-
nabels befindet, mit der gleichen Aufmerksamkeit. Das
Sakralchakra ist das Zentrum der Kreativität und Sexualität.
Erlaube der Energie, Blockaden zu lösen und den freien
Fluss der kreativen und sexuellen Energie zu fördern. Spüre
die kreative und belebende Kraft, die sich entfaltet.

Wurzelchakra:

Schließe die Behandlung ab, indem du deine Hand über das
Wurzelchakra legst, das sich am unteren Ende der Wirbelsäule befindet. Lasse die Energie fließen, um Erdung und
Stabilität zu fördern. Das Wurzelchakra ist das Zentrum der
Sicherheit und des Überlebens. Nimm dir Zeit, um sicherzustellen, dass die Energie vollständig durch den Körper deines Klienten fließt und ein Gefühl der Sicherheit und Stabilität schafft. Spüre die tiefe Verbundenheit mit der Erde und
der eigenen Existenz.

Durch das Erforschen dieser Handstellungen und die bewusste Anwendung der REIKI-Energie kannst du nicht nur
deinen Klienten tiefgehende Heilung und Balance bringen,
sondern auch deine eigene Verbindung zur universellen Lebensenergie stärken. Lasse dich von deiner Neugier leiten
und entdecke die transformative Kraft des REIKI-
Energiesystems.

Wie oben schon erwähnt:

Während der gesamten Sitzung lässt du dich von deiner Intuition und den REIKI-Impulsen leiten. Versuche achtsam

zu sein und offen für die subtilen Signale, die dir zeigen, wo die Energie am meisten benötigt wird. Schmerzende oder energetisch blockierte Regionen werden automatisch mehr Aufmerksamkeit auf sich ziehen. Verweile länger an diesen Stellen, um die Blockaden zu lösen und die Lebensenergie wieder frei fließen zu lassen.

Diese Schritt-für-Schritt-Anleitung soll dir helfen, eine tief heilende und transformierende Chiryo-Behandlung durchzu-führen. Nimm dir die Zeit, jeden Schritt bewusst und acht-sam auszuführen, und vertraue darauf, dass die REIKI-Energie dich und deinen Klienten führen wird.

Eine Chiryo-Behandlung kann sowohl für den Klienten als auch für den Behandler eine tief heilende und transformie-rende Erfahrung sein. Durch die achtsame und intuitive An-wendung von REIKI kannst du deinem Klienten helfen, Blo-ckaden zu lösen und die Lebensenergie wieder frei fließen zu lassen.

ANMERKUNG ZU DEN ÜBUNGEN:

DAS HIER & JETZT

ALLE ANTWORTEN LIEGEN IM, HIER UND JETZT.

Die Bedeutung des Hier und Jetzt

Ganz egal, was wir tun oder nicht tun, was wir denken oder nicht denken, das Wichtigste ist, alles bewusst im Hier und Jetzt stattfinden zu lassen. Der oft beschworene Einklang von uns mit dem Kosmos kann nicht gefunden oder erzeugt werden – er kann nur zugelassen werden. Dieser Einklang war und ist schon immer da. Wir können ihn wahrnehmen, indem wir eine Haltung des inneren Wartens und der tiefen Aufmerksamkeit einnehmen.

Wenn wir zum Beispiel einen Buddhist fragen, was er meint, wenn er sich konzentrieren will, würde er antworten: „Ich schenke Aufmerksamkeit." Diese Form der Konzentration ist keine Anstrengung, sondern ein Geschenk – ein Geschenk der vollen Aufmerksamkeit an den gegenwärtigen Moment.

Wenn diese beiden Formen der inneren Haltung – das bewusste Wahrnehmen des Hier und Jetzt und das Schenken von Aufmerksamkeit – Hand in Hand zusammenwirken, gibt es keinen Raum mehr für Zerstreutheit, Irrtum oder Krankheiten. Wer ganz im Hier und Jetzt verankert ist und darin ruht, befindet sich im Einklang mit sich selbst und der Welt.

Derjenige, der im Einklang ist, wird auch sehr schnell erfahren, was Erdung bedeutet. Die Erde ist etwas Stoffliches, Festes, eine materielle Schöpfung. Schöpfung findet immer im Hier und Jetzt statt und ist etwas äußerst Aktuelles und Gegenwärtiges.

Das „Jetzt" als Geschenk

Unser Leben ist eine kontinuierliche Folge von Momenten. Die Vergangenheit ist vergangen, und die Zukunft ist noch nicht geboren. Das Einzige, was wir wirklich haben, ist das Jetzt. Dieses Jetzt ist ein Geschenk – daher nennen wir es auch die Gegenwart.

Indem du dich auf das Hier und Jetzt konzentrierst, lässt du die Last der Vergangenheit los und sorgst dich nicht um die Unsicherheiten der Zukunft. Du erlebst den gegenwärtigen Moment in seiner vollen Tiefe und Schönheit. Diese Praxis bringt nicht nur innere Ruhe, sondern auch Klarheit und Einsicht.

Praktische Tipps für das Leben im Jetzt:

1. **Atme bewusst:** Nimm dir mehrere Male am Tag eine Minute Zeit, um tief und bewusst zu atmen. Spüre, wie die Luft in deine Lungen strömt und deinen Körper mit frischer Energie versorgt. Diese einfache Übung bringt dich sofort ins Hier und Jetzt.

2. **Beobachte deine Gedanken:** Achte darauf, wohin deine Gedanken wandern. Wenn du bemerkst, dass du dich in der Vergangenheit oder Zukunft verlierst, bringe deine Aufmerksamkeit sanft zurück in den gegenwärtigen Moment.

3. **Sei präsent in deinen Aktivitäten:** Egal, ob du isst, gehst, arbeitest oder mit jemandem sprichst – sei voll und ganz bei der Sache. Erlebe jede Aktivität mit allen Sinnen, ohne dich ablenken zu lassen.

4. **Schätze die kleinen Dinge:** Nimm die Schönheit in den kleinen Dingen des Lebens wahr – das Lächeln eines Fremden, das Rauschen der Blätter im Wind oder den Geschmack deines Lieblingsessens. Diese kleinen Freuden sind Geschenke des gegenwärtigen Moments.

Lasse dich auf das Hier und Jetzt ein

Indem du deine Übungen und Praktiken bewusst im Hier und Jetzt verankerst, schaffst du Raum für wahres Erleben und tiefes inneres Wissen. Diese Präsenz ermöglicht es dir, die Energie des Kosmos zu spüren und in Einklang mit dem Universum zu leben.

Lasse dein Üben immer aktuell sein, indem du deine Aufmerksamkeit ganz auf diesen jetzigen Moment richtest. Lasse dich innerlich „abwarten" und öffne dich für die Gegenwart. In diesem Zustand des Seins kannst du den wahren Einklang mit dem Kosmos erfahren und das Leben in seiner vollen Pracht erleben.

DER BYOSEN

Der Begriff "Byosen" stammt aus dem Japanischen und setzt sich aus zwei Wörtern zusammen:

"byo" bedeutet krank, giftig, steif, krankes Gewebe oder Tumor,

und
"sen" bezieht sich auf die Körperflüssigkeiten, blockierende Ansammlungen oder Drüsen.

Byosen beschreibt Ablagerungen oder Verdichtungen von krankmachenden Elementen im menschlichen Körper, die den freien Fluss der Körperflüssigkeiten blockieren. Diese Blockaden führen zu Störungen im Energiefluss des Menschen.

Beim Geben von REIKI kann der Praktizierende diese Blockaden erspüren. Dies zeigt sich durch eine besondere Sensibilität und Sinneswahrnehmung in den Händen des REIKI-Gebenden. Byosen ist somit ein Begriff, der die Wahrnehmung des REIKI-Gebenden beschreibt, wenn er energetische Blockaden im Körper des Empfängers ertastet.

Häufig treten die Erscheinungsformen des Byosen in den Gelenken auf, zum Beispiel im Nackenbereich (an den Wirbelgelenken), in den Schultern oder auch an inneren Organen. Byosen schwingt in zeitlich erkennbaren Rhythmen. Diese Schwingungen wechseln zwischen Phasen der Intensität und Ruhe und verlaufen in Wellen, deren Scheitelpunkte zwischen wenigen Minuten und bis zu mehr als einer Viertelstunde auseinanderliegen können.

Durch die Wahrnehmung des Byosen kann der REIKI-Gebende den optimalen Behandlungsablauf bestimmen. Indem er die energetischen Blockaden ertastet und darauf reagiert, kann er gezielt auf die Bedürfnisse des Körpers eingehen. Das Ziel der Behandlung ist die Auflösung des Byosen – die Beseitigung der Disharmonie im Körper und die Wiederherstellung eines freien und harmonischen Energieflusses.

Byosen: Die Empfindungsstufen

1. Wärme

Dies ist das erste Anzeichen von Byosen und äußert sich als ein Gefühl von Wärme in den Händen, das deutlich über die normale Körpertemperatur hinausgeht. Diese Wärme zeigt an, dass REIKI-Energie durch die Hände fließt und auf eine energetische Blockade trifft.

2. Hitze

In der zweiten Stufe steigert sich das Wärmeempfinden erheblich und wird zu Hitze. Diese intensive Hitze signalisiert eine stärkere energetische Blockade und eine intensivere Reaktion des Körpers auf die REIKI-Energie.

3. Kribbeln

Wenn der Byosen noch ausgeprägter ist, verspürt der REIKI-Gebende ein Kribbeln in den Fingerspitzen und/oder Handflächen. Dieses Kribbeln deutet auf eine stärkere energetische Störung hin, die eine intensivere Heilungsreaktion erfordert.

4. Pulsieren

Das Pulsieren entsteht nach allgemeiner

Lehrmeinung durch eine verstärkte Anregung der Blutzirkulation. Hierbei handelt es sich nicht um den normalen Puls, sondern um eine davon unabhängige, verstärkte Zirkulation, die durch die REIKI-Energie verursacht wird. Dieses Pulsieren zeigt eine tiefe energetische Reaktion im Körper an.

5. **Schmerz**
Dies ist die höchste Stufe des Byosen und weist auf ein ernstes Problem hin. Der Schmerz kann sich von den Händen über die Arme bis in die Schultern ausdehnen. Dieser Schmerz ist eine Folge des sehr starken Flusses der REIKI-Energie und hat nichts mit negativen Energien zu tun. In der Regel lässt der Schmerz sofort nach, wenn die Hände weggenommen werden. In seltenen Fällen kann der Schmerz auch noch einige Zeit anhalten.

Die Wahrnehmungsstufen des Byosen und ihre Bedeutung

Die ersten drei Stufen der Wahrnehmung basieren auf geringeren Ablagerungen von schädlichen Substanzen. Diese Stoffe neigen dazu, sich an häufig genutzten Stellen des Körpers anzusammeln, was erklärt, warum Byosen oft im Bereich der Schultern spürbar ist. Als Laien erkennen wir diese als "Verspannungen".

Die beiden letzten Stufen der Wahrnehmung deuten auf eine ernstere Situation hin. Diese Störungen können auch für REIKI-Geber unangenehm sein. Wichtig ist jedoch: Diese Störungen müssen nicht unbedingt pathogen sein. Der "Knoten" kann sich noch im energetischen Gefüge des Menschen befinden. Ziel der Behandlung ist es, diesen Byosen zumindest auf die höchste Stufe der ersten drei zurückzuschwingen.

Es kann von Vorteil sein, den Klienten gemeinsam mit anderen REIKI-Eingeweihten zu behandeln. So kann die nötige Energie besser fließen, ohne dass man sich allein der Situation stellen muss und möglicherweise überfordert wird.

Wie gehe ich bei der Behandlung eines Byosens vor?

Die Wahrnehmung eines Byosens kann sich an einer Stelle als spürbare Welle zeigen. Diese Welle ist im japanischen REIKI besonders wichtig. Sie schwingt oft in Intervallen von etwa 5 bis 30 Minuten. Daher kann es mit den üblichen 5-Minuten-Positionen manchmal schwierig sein, diese Welle zu erkennen.

Beispiel: Du hast eine Stelle am Körper gefunden, die sehr viel Energie zieht. Lass deine Hände auf dieser Position, denn dort befindet sich der Byosen. Die Welle der Wahrnehmung geht durch die Stufen 1, 2 und 3. Bleibe mit deinen Händen so lange auf dieser Stelle, bis die Wahrnehmung auf die Stufen 2 und 1 zurückgegangen ist.

Bei der nächsten Behandlung setzt du an derselben Stelle fort und achtest darauf, ob die Welle flacher geworden ist, beispielsweise von 1, 2 auf 1.

Wichtig bei der Wahrnehmung: Eine Schwingung der Wahrnehmung von 1-3 ist häufig und "normal". Die Stufen 4-5 hingegen sind deutliche Anzeichen für einen stärkeren bis starken Vergiftungsgrad des Körpers mit unausgeglichener Energie. Hier bedarf es Geduld und Zeit.

Der Byosen ist jedoch nichts "Negatives" – jeder Mensch und jedes Lebewesen zeigt diese Ansammlung von wahrnehmbaren Strudeln für einen REIKI-Geber. Daher sind die Handpositionen eine wirkliche Hilfe für den REIKI-Geber, um diese energetischen Ungleichgewichte zu erkennen und zu behandeln.

Gegenanzeigen

Frank A. Petter berichtet, dass es vorkommen kann, dass ein Klient nicht offen für REIKI ist. In solchen Fällen könnte ein medizinischer Eingriff nötig sein, um den Menschen wieder in seine natürliche Schwingung zu bringen. Dieser Eingriff ist dann wichtiger als die Gabe von REIKI. Manchmal spürt der REIKI-Geber, dass seine Hände förmlich vom Klienten weggezogen werden. Das ist ein klares Zeichen dafür, dass eine andere Art von Hilfe benötigt wird.

In solchen Fällen hat der REIKI-Geber die Verantwortung, den Klienten darauf hinzuweisen, sich von einem Arzt oder Heilpraktiker seines Vertrauens untersuchen zu lassen. Da viele REIKI-Geber keine ausgebildeten Heilpraktiker oder Ärzte sind, ist es wichtig, dies klar und deutlich zu kommunizieren. Diagnosen dürfen in Deutschland und vielen anderen Ländern nur von qualifizierten Medizinern gestellt werden.

Wir sollten den Klienten diesen ausgebildeten Fachleuten anvertrauen. Es geht darum, das Beste für den Klienten zu tun und seine Gesundheit in den Mittelpunkt zu stellen. Indem wir sie an kompetente medizinische Fachkräfte verweisen, sorgen wir dafür, dass sie die bestmögliche Betreuung erhalten können. Am Ende ist es die freie Entscheidung des Klienten, was er macht und tut.

Der Byosen – Ein Zeichen, dass Leben in dir ist!

Der Byosen ist nicht nur ein Hinweis auf energetische Blockaden oder Ablagerungen im Körper, sondern auch ein lebendiges Zeichen deiner Existenz. Wenn ein Mensch stirbt, ist anfangs noch ein Byosen spürbar. Dieser energetische Zustand verflüchtigt sich nach und nach, bis er völlig verschwindet. Daher kann die Anwesenheit eines Byosen als ein klares Signal dafür gesehen werden, dass Leben und Lebenskraft in dir vorhanden sind.

Sei froh und dankbar, wenn an deinem Körper noch ein Byosen erspürt werden kann. Es ist ein Anzeichen deiner Lebendigkeit und der dynamischen Energie, die in dir fließt. Der Byosen zeigt, dass dein Körper auf energetische Prozesse reagiert und sich in einem ständigen Austausch mit der Lebensenergie oder dem morphischen Feld, dem Universum befindet.

Die Fähigkeit, Byosen zu erspüren, bietet eine wertvolle Möglichkeit, mit deinem eigenen Körper und seiner energetischen Beschaffenheit in Kontakt zu treten. Es ist ein Signal dafür, dass du aufmerksam und verbunden bist mit den subtilen Schwingungen des Lebens in dir. Diese Wahrnehmung kann dir helfen, energetische Ungleichgewichte frühzeitig zu erkennen und darauf zu reagieren.

Indem du die Präsenz eines Byosen anerkennst, öffnest du dich für die tieferen Ebenen deines Seins und verstehst, dass Energie kontinuierlich durch dich hindurch fließt. Es ist eine Einladung, sich bewusst mit deiner Lebensenergie auseinanderzusetzen und zu lernen, wie du sie optimal unterstützen und harmonisieren kannst.

Der Byosen ist somit nicht nur ein technischer Begriff in der REIKI-Praxis, sondern ein lebendiges Zeugnis deiner Vitalität. Er erinnert dich daran, dass du Teil eines größeren energetischen Gefüges bist und dass dein Körper ständig mit der universellen Lebensenergie interagiert. Nutze diese Erkenntnis, um deine Praxis zu vertiefen und die wunderbare Lebenskraft in dir zu ehren und zu pflegen.

DIE 12 MIR ÜBERLIEFERTEN HANDSTELLUNGEN DER GANZHEITLICHEN BEHANDLUNG

REIKI wirkt auf jeden Menschen unterschiedlich, denn die bewussten und auch unbewussten Bedürfnisse des Einzelnen bestimmen Ergebnis und Ziel der Behandlung. Aber etwas hat sich bewährt. Die 12 Handstellungen, die eine weitere anerkannte Grundlage des REIKI geworden sind:

1. Augen (die Hände liegen rechts und links neben der Nase von der Stirn über die Augen bis zum Mund)

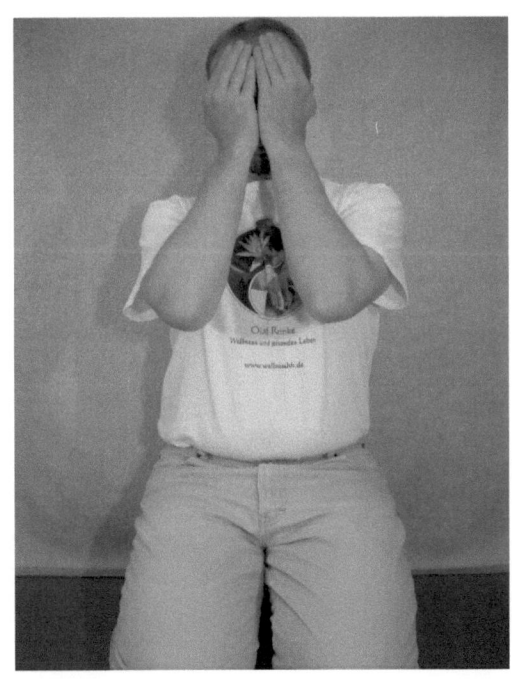

2. Schläfen/Ohren

(Die Hände bedecken die Schläfen/Ohren, wobei die Fingerspitzen bis zu den Wangen reichen sollten)

4. Hinterkopf

(Die Hände liegen auf dem Hinterkopf, die Medulla Oblongata in der Mitte des Hinterkopfes ist bedeckt)

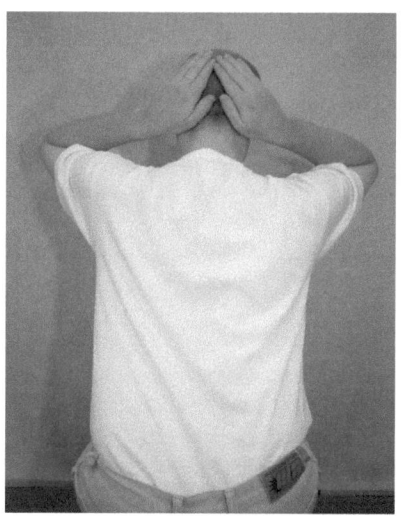

5. Hals

(Die Hände bedecken die Halsvorderseite, Kehle, ohne direkt zu berühren)

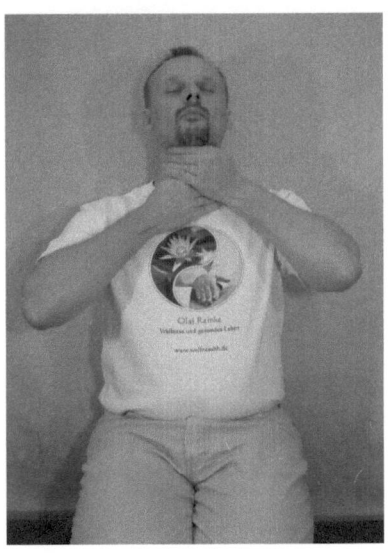

6. Herz/Thymusdrüse

(Die linke Hand liegt unter dem Hals waagerecht auf der Thymusdrüse, die rechte Hand darunter auf dem Herzbereich)

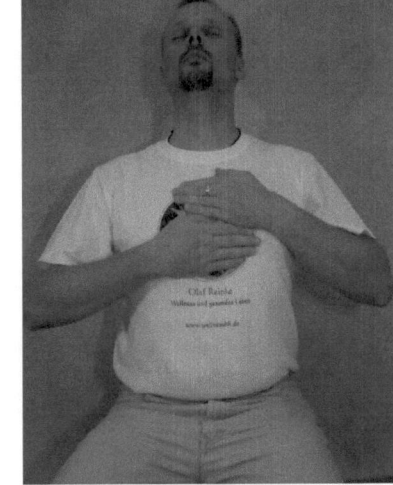

7. untere Rippen

(Die Hände bedecken auf der linken und rechten Körperseite den Bereich direkt unterhalb der unteren Rippen)

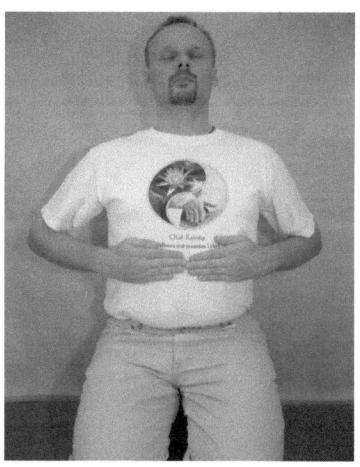

8. über dem Bauch

(Die Hände liegen auf oder über den Leistenbeugen)

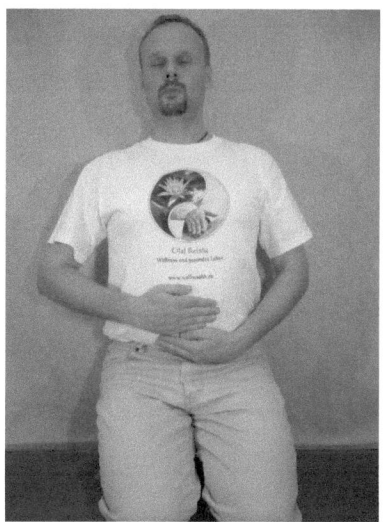

9. Leisten

(Die Hände liegen vom Beckenschaufelknochen ausgehend links und rechts bis zum Beginn des Schambeins)

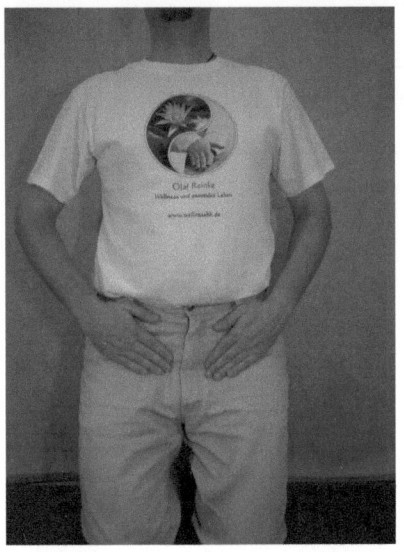

10. Schulterposition

(Die Hände liegen auf den Schultern, nur soweit, wie es wirklich noch entspannt geht.)

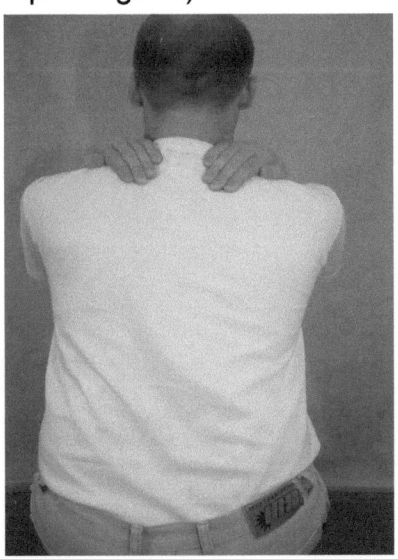

11. Der untere Rippenbogen

(Beide Hände auf oder dicht unter dem Rippenbogen, unter den Lungen legen)

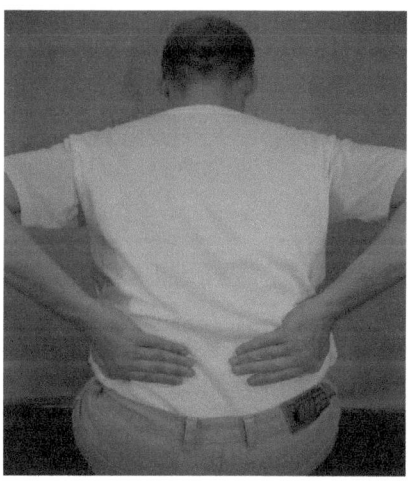

12. Gesäß

(Beide Hände liegen auf dem Gesäß)

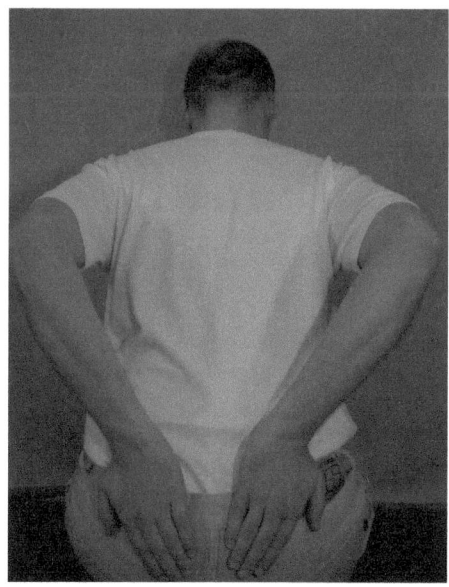

Zwei zusätzliche Positionen, die sich bewährt haben:

Z1. Knie   (Die Hände liegen auf den Knien)

Z2. Fußsohle   (Die Hände liegen auf den Fußsohlen
von   den   Zehenspitzen   bis   zur
Fußmitte)

Aus meiner Erfahrung kann ich sagen, dass es Meister gibt, die auch andere Positionen bevorzugen. Das sind dann andere Erfahrungen und Lehrstränge in der kurzen Geschichte des REIKI. Für mich haben sich die dargestellten Positionen gut bewährt, so dass ich diese so lehre.

DER SIEBENARMIGE LEUCHTER

Diese Übung verbindet die japanische REIKI-Tradition mit dem indisch geprägten System der Chakralehre. Sie wurde entwickelt, um die Chakren auszugleichen und den Energiefluss zu harmonisieren. Chakren sind die energetischen Zentren des Menschen, die sich im feinstofflichen Bereich spiralförmig ausdehnen. Sie dienen als Transformatoren, die höhere Lebenskräfte umwandeln, damit sie im Körper aufgenommen und weiterverarbeitet werden können.

Der siebenarmige Leuchter und die Chakren

Stell dir einen siebenarmigen Leuchter vor. In der Mitte brennt ein Licht, das von je drei Lichtern an den beiden Seiten flankiert wird. Jedes Lichtpaar hat eine besondere Beziehung zueinander, ähnlich wie die Chakren in unserem Körper. In dieser Analogie entspricht das Herzchakra dem zentralen Licht in der Mitte.

Diese Übung kann dir helfen, wenn du erschöpft bist und nicht genügend Zeit für die vollständige Ausführung der zwölf Handstellungen hast. Sie ist eine effektive Methode, um schnell und gezielt die energetischen Zentren deines Körpers auszubalancieren.

So führst du die Übung durch:

1. Herzchakra (Mitte):
   Beginne mit dem Herzchakra, dem energetischen Zentrum in der Mitte deines Brustkorbs. Lege deine Hände sanft auf diesen Bereich. Atme tief ein und aus

und spüre, wie sich dein Herzchakra öffnet und die Energie frei fließen lässt. Dieses Chakra ist das Zentrum der Liebe und des Mitgefühls.

2. Wurzelchakra und Kronenchakra (erstes Lichtpaar): Lege eine Hand auf dein Wurzelchakra am unteren Ende deiner Wirbelsäule und die andere Hand auf dein Kronenchakra an der Spitze deines Kopfes. Spüre die Verbindung zwischen diesen beiden Chakren. Das Wurzelchakra steht für Erdung und Sicherheit, das Kronenchakra für spirituelle Verbindung und höheres Bewusstsein.

3. Sakralchakra und Stirnchakra (zweites Lichtpaar): Lege eine Hand auf dein Sakralchakra unterhalb deines Bauchnabels und die andere Hand auf dein Stirnchakra (drittes Auge) zwischen deinen Augenbrauen. Erspüre die Balance zwischen diesen Zentren. Das Sakralchakra ist das Zentrum der Kreativität und Sexualität, während das Stirnchakra für Intuition und geistige Klarheit steht.

4. Solarplexuschakra und Halschakra (drittes Lichtpaar): Lege eine Hand auf dein Solarplexuschakra oberhalb deines Bauchnabels und die andere Hand auf dein Halschakra. Spüre, wie die Energie zwischen diesen beiden Punkten fließt. Das Solarplexuschakra ist das Zentrum der persönlichen Macht und des Selbstbewusstseins, das Halschakra steht für Kommunikation und Selbstausdruck.

Diese Übung hilft dir, die Chakren miteinander zu verbinden und ihren Energiefluss zu harmonisieren. Sie ist besonders nützlich, wenn du wenig Zeit hast und dennoch eine wirkungsvolle energetische Ausrichtung benötigst. Der siebenarmige Leuchter dient als symbolisches Werkzeug, um die Beziehung zwischen den Chakren zu visualisieren und zu stärken.

Probiere es aus und spüre, wie sich dein Körper und Geist ausbalancieren und harmonisieren. Diese einfache, aber kraftvolle Übung kann dir helfen, schnell wieder Energie zu tanken und deine innere Mitte zu finden.

1. Am Anfang der Übung legen wir die Hände auf das Herzchakra. Das heißt: Eine Hand liegt auf dem oberen Brustbeil zu liegen kommt und die zweite damit auf dem unteren.

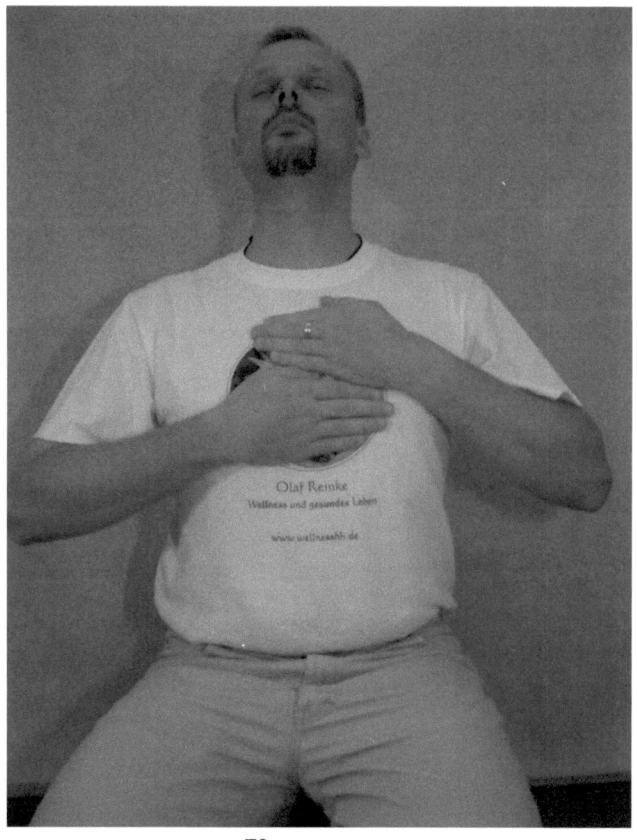

2. Nach dem Herzchakra gehen wir zu den benachbarten Zentren über. Eine Hand liegt vorn am Hals über dem Kehlkopf und die andere liegt locker auf dem Oberbauch.

Das Hals-Chakra gilt als das Energiezentrum, welches uns dazu verhelfen soll, eine glückende Kommunikation zu führen. Die Energie des Oberbauchs ist da eher das Aufnehmende und grob aufschließende.

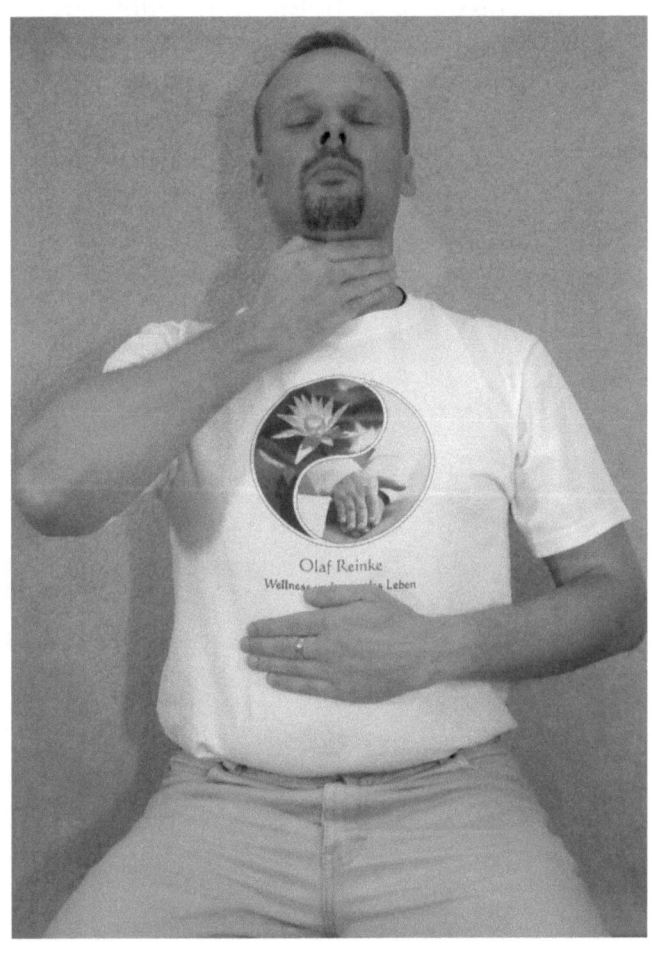

3. Nun kommen die Hände auf der Stirn und dem Unterbauch zu liegen. Damit sind wir schon wieder eine Stufe weiter vom Herzchakra entfernt. Mit dieser Stellung verbinden wir schon die hohe Kraft der Intuition und die verdauende Energie der Bauchgegend.

4. Danach legen wir di untere Hand entweder unter das Steißbein oder auf den Damm (Wurzelchakra), die obere Hand wird auf das Scheitelzentrum gelegt. Damit schaffen wir dann eine Verbindung zwischen der feinstofflichsten Energie zur trägeren Erdnahen Energie des Wurzelchakras. Wir verbinden Materie zum Geist

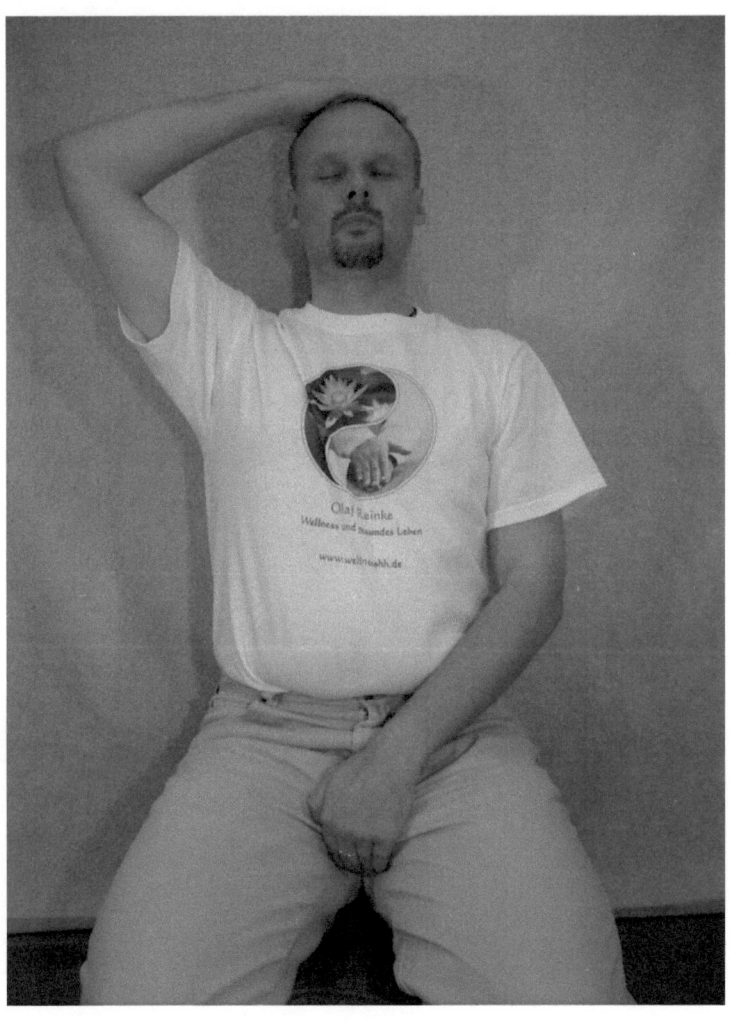

WIE MIT REIKI ARBEITEN?

REIKI ist einfach und benötigt keinerlei Vorbereitung oder spezielle Regeln. Es kann jederzeit und an jedem Ort angewandt werden. Um das Wohlbefinden des Empfängers zu steigern, gibt es jedoch einige Empfehlungen für REIKI-Anwendungen. REIKI fließt unabhängig davon, ob jemand Notiz davon nimmt oder nicht. Es genügt, dass der Anwender in REIKI eingeweiht wurde. Die folgenden Empfehlungen sind hilfreich:

Habe Zeit:

Auch wenn deine Zeit beschränkt ist, nutze genau diesen Augenblick voll und ganz. Zeit zu haben bedeutet, sich hingeben zu können. Es geht darum, den gegenwärtigen Moment bewusst zu erleben und alle Ablenkungen beiseitezulassen. Diese Hingabe ermöglicht es dir, dich vollständig auf die REIKI-Arbeit zu konzentrieren.

Wenn du dich entschließt, eine REIKI-Sitzung zu geben, setze bewusst Prioritäten und schaffe einen Raum, in dem du dich frei von äußeren Verpflichtungen und Gedanken auf die Heilungsarbeit einlassen kannst. Lass alle Sorgen und Alltagsgedanken los und konzentriere dich ganz auf das Hier und Jetzt. Indem du dich mit deiner vollen Aufmerksamkeit und Präsenz der REIKI-Arbeit widmest, erlaubst du der Energie, frei und ungehindert zu fließen.

Hingabe bedeutet auch, sich emotional und geistig zu öffnen. Lasse dich auf den Prozess ein und vertraue darauf, dass die REIKI-Energie genau das tut, was notwendig ist. Sei geduldig und präsent, auch wenn du nur wenig Zeit hast. Die Qualität der Zeit, die du investierst, ist entscheidend, nicht die Quantität.

Nimm dir einen Moment, um tief durchzuatmen und dich zu zentrieren, bevor du mit der Behandlung beginnst. Erinnere dich daran, dass jede Minute, die du in die REIKI-Arbeit investierst, eine wertvolle Gelegenheit ist, Heilung und Frieden zu fördern – sowohl für dich selbst als auch für den Empfänger. Diese bewusste Hingabe an den Augenblick kann die Wirkung deiner REIKI-Sitzungen erheblich verstärken.

Hingabe:

Bitte gib dich deiner jetzigen Arbeit voll und ganz hin. Hingabe bedeutet, sich mit Herz und Seele in die REIKI-Arbeit zu vertiefen und alle Ablenkungen und Gedanken an andere Dinge loszulassen. REIKI-Arbeit erfordert eine tiefe Konzentration und Präsenz im gegenwärtigen Moment. Denke an nichts anderes und sei vollständig im Hier und Jetzt.

Nimm dir einen Moment, um dich innerlich vorzubereiten, bevor du mit der REIKI-Sitzung beginnst. Atme tief ein und aus, lasse alle Sorgen und Gedanken des Alltags los. Erlaube dir selbst, vollständig präsent zu sein und deine gesamte Aufmerksamkeit auf die Heilung zu richten. Indem du dich voll hingibst, öffnest du dich für den freien Fluss der REIKI-Energie.

Diese Hingabe ermöglicht es dir, die Energie ungehindert durch deinen Körper und deine Hände fließen zu lassen. Du wirst zu einem Kanal für die heilende Kraft von REIKI, die durch dich hindurch zu dem Empfänger strömt. Deine vollständige Präsenz und Hingabe schaffen einen Raum, in dem Entspannung und Heilung gefördert werden.

Stelle dir vor, wie du alle deine Energien und Absichten auf die Heilung konzentrierst. Lasse dich von deiner Intuition leiten und vertraue darauf, dass REIKI genau das tut, was notwendig ist. Diese tief empfundene Hingabe macht den Unterschied und verstärkt die Wirkung deiner REIKI-Arbeit.

Indem du dich ganz auf die REIKI-Arbeit einlässt, schaffst du eine Atmosphäre der Ruhe und des Vertrauens. Dein Empfänger wird diese Hingabe spüren und sich leichter entspannen und öffnen können. Dadurch wird der Heilungsprozess unterstützt und gefördert.

Sei ganz im Moment und erlebe die transformative Kraft der Hingabe in deiner REIKI-Praxis. Lasse dich auf jede Sitzung ein, als wäre sie einzigartig und wertvoll, denn durch diese Hingabe kannst du wahre Wunder bewirken.

Ausgeglichenheit:

Lass dich zur inneren Ruhe kommen. Dies ist ein wesentlicher Schritt, um die REIKI-Energie effektiv fließen zu lassen und eine tiefere Verbindung zu deinem Inneren zu finden. Beginne damit, einige tiefe Atemzüge zu nehmen und deinen Geist zu beruhigen. Denke an die Gassho-Meditation, eine einfache und kraftvolle Methode, um dich zu zentrieren und deinen Geist auf die bevorstehende REIKI-Sitzung vorzubereiten.

Ein ruhiger Ort unterstützt dich besonders am Anfang, wenn du noch nicht so erfahren in der Praxis bist. Wähle einen

Ort, an dem du dich wohlfühlst und nicht gestört wirst. Dies kann ein stiller Raum in deinem Zuhause sein, ein friedlicher Platz in der Natur oder jeder andere Ort, an dem du dich sicher und entspannt fühlst. Die Umgebung sollte frei von Ablenkungen sein, sodass du dich voll und ganz auf die REIKI-Arbeit konzentrieren kannst.

Mit zunehmender Erfahrung wirst du feststellen, dass äußere Umstände immer weniger Einfluss auf deine Fähigkeit haben, dich zu konzentrieren und die REIKI-Energie fließen zu lassen. In fortgeschrittenen Stadien deiner Praxis kann theoretisch sogar der Lärm einer Großbaustelle dich nicht mehr stören. Du wirst in der Lage sein, deine innere Ruhe und Ausgeglichenheit unabhängig von äußeren Geräuschen und Ablenkungen aufrechtzuerhalten.

Behandle in der dir angenehmsten Art und Weise. Finde eine Position, in der du dich wohlfühlst, sei es im Sitzen oder Stehen. Es ist wichtig, dass du dich bequem positionierst, damit du dich voll und ganz auf die Energiearbeit konzentrieren kannst. Wenn du sitzt, wähle einen bequemen Stuhl oder ein Kissen. Wenn du stehst, stelle sicher, dass du eine entspannte und stabile Haltung einnimmst.

Durch diese bewusste Vorbereitung schaffst du die besten Voraussetzungen für eine erfolgreiche REIKI-Sitzung. Deine innere Ruhe und Ausgeglichenheit ermöglichen es dir, als klarer Kanal für die REIKI-Energie zu dienen und deinem Empfänger die bestmögliche Unterstützung zu bieten.

Der Ort:

REIKI kann überall angewendet werden, was seine Vielseitigkeit und Zugänglichkeit unterstreicht. Egal ob zu Hause, im Büro, im Freien oder an einem anderen Ort – die heilende Energie von REIKI steht dir jederzeit zur Verfügung. Um jedoch die Entspannung des Empfängers zu maximieren, gibt es einige Empfehlungen für die Gestaltung des Raumes.

Um eine beruhigende und unterstützende Atmosphäre zu schaffen, sollte der Raum ruhig und einfach ausgestattet sein. Ein ruhiger Ort hilft dem Empfänger, sich zu entspannen und die Energiearbeit vollständig zu erleben. Vermeide laute Geräusche und Ablenkungen, die die Entspannung stören könnten. Dies kann ein stilles Zimmer in deinem Zuhause sein, ein abgeschiedener Raum in einer Praxis oder ein friedlicher Platz im Freien, fern von Lärm und Hektik.

Die Farbgestaltung des Raumes spielt ebenfalls eine wichtige Rolle. Bevorzugt sind helle Töne, die eine friedliche und harmonische Umgebung schaffen. Weiß ist ideal, da es Reinheit, Klarheit und Ruhe vermittelt. Helle Farben tragen dazu bei, eine entspannende Atmosphäre zu erzeugen und das Wohlbefinden des Empfängers zu fördern.

Der Empfänger kann auf verschiedene Weisen positioniert werden, je nach seinen Vorlieben und Bedürfnissen. Eine Möglichkeit ist, auf einer Decke oder Matte auf dem Boden zu liegen. Dies ermöglicht eine enge Verbindung zur Erde und kann eine tiefe Entspannung fördern. Eine andere Option ist, auf einer bequemen Liege oder Massageliege zu liegen, was den Zugang zu verschiedenen Körperbereichen erleichtert und den Komfort erhöht.

Obwohl der Empfänger auch sitzen kann, ist der Entspannungseffekt in dieser Position oft nicht so tiefgehend. Das Liegen ermöglicht eine vollständige Entspannung des Körpers und Geistes, was die Wirkung der REIKI-Sitzung verstärkt. Wenn Sitzen die bevorzugte Position ist, stelle sicher, dass der Empfänger bequem sitzt, möglicherweise auf einem Stuhl mit Rückenlehne und Armlehnen, um den bestmöglichen Komfort zu gewährleisten.

Durch die sorgfältige Auswahl und Gestaltung des Ortes kannst du die Entspannung und das Wohlbefinden des Empfängers erheblich steigern. Ein ruhiger, heller und angenehm eingerichteter Raum trägt dazu bei, eine optimale Umgebung für die REIKI-Arbeit zu schaffen, in der Heilung und Harmonie gefördert werden können.

Die Kleidung:

Sowohl Behandler als auch Empfänger können jede Art von Kleidung tragen, die ihnen angenehm ist. Es gibt keine festen Regeln, was die Kleidung betrifft, aber es ist wichtig, dass beide sich wohlfühlen. Komfortable und bequeme Kleidung trägt wesentlich zur Entspannung und zum Wohlbefinden während der REIKI-Sitzung bei.

Für den Behandler ist es wichtig, Kleidung zu wählen, die Bewegungsfreiheit und Leichtigkeit bietet. Eng anliegende oder einschränkende Kleidung kann die Bewegungen behindern und die Konzentration stören. Wähle stattdessen lockere, druckfreie Kleidungsstücke, die dich nicht einengen und es dir ermöglichen, dich frei zu bewegen und vollständig auf die Energiearbeit zu konzentrieren.

Für den Empfänger ist bequeme Kleidung ebenfalls entscheidend, um die volle Wirkung der REIKI-Sitzung zu erleben. Kleidung, die nicht drückt oder einengt, fördert die Entspannung und das allgemeine Wohlbefinden. Weiche,
atmungsaktive Stoffe sind ideal, da sie dem Körper erlau-
ben, sich zu entspannen und die Energie frei fließen zu lassen. Der Empfänger sollte sich in seiner Kleidung wohl und
geborgen fühlen, was die Tiefe der Entspannung und die
Aufnahme der REIKI-Energie unterstützt.

Es ist auch hilfreich, Schmuck oder andere Accessoires ab-
zulegen, die unbequem sein könnten oder die Energiearbeit
stören könnten. Dies gilt sowohl für den Behandler als auch
für den Empfänger. Ein minimaler und einfacher Kleidungs-
stil kann die Effizienz der REIKI-Sitzung verbessern, indem
er Ablenkungen und Unbehagen minimiert.

Insgesamt geht es darum, eine Atmosphäre des Wohlfüh-
lens und der Entspanntheit zu schaffen. Indem du bequeme
Kleidung wählst, die keinen Druck ausübt und Bewegungsfreiheit ermöglicht, kannst du die Qualität der REIKI-Sitzung
erheblich verbessern. Das Ziel ist es, dass sowohl der
Behandler als auch der Empfänger sich vollkommen entspannt und wohl fühlen, um die heilende Energie optimal
fließen zu lassen.

Dauer:

Es gibt keine feste Regel für die Dauer einer REIKI-Sitzung, da REIKI als intelligente Energie gilt und nicht überdosiert werden kann. Die Länge der Sitzung kann variieren, je nach den Bedürfnissen und Vorlieben des Empfängers sowie den intuitiven Empfindungen des Behandlers. Vertraue deiner Intuition, um die richtige Dauer für jede Sitzung zu finden.

In einem entspannten, informellen Umfeld wie dem Freundeskreis kann die Dauer einer REIKI-Sitzung flexibel gehandhabt werden. Eine Sitzung kann manchmal nur 30 Minuten dauern, während eine andere Sitzung bis zu 90 Minuten oder länger dauern kann, abhängig davon, wie sich die Energie entfaltet und welche Bedürfnisse der Empfänger hat. Diese Flexibilität ermöglicht es, auf individuelle Bedürfnisse einzugehen und die REIKI-Erfahrung optimal zu gestalten.

Bei professioneller Anwendung hat sich jedoch eine Dauer von etwa 60 Minuten als Standard etabliert. Dies liegt daran, dass viele Menschen im Stundenlohn denken und es gewohnt sind, Dienstleistungen in einstündigen Einheiten zu erhalten. Eine Sitzung von etwa einer Stunde hilft den Empfängern, ein Gefühl der Kontinuität und Berechenbarkeit zu haben. Außerdem fühlen sich viele Klienten wohler, wenn sie jedes Mal eine „Einheit" REIKI bekommen, die eine feste Dauer hat.

Ein weiterer Grund für die 60-minütige Sitzungsdauer in der professionellen Praxis ist, dass es den Behandlern ermöglicht, ihre Zeit effizient zu planen und mehrere Sitzungen hintereinander zu legen. Dies ist besonders wichtig, wenn man eine REIKI-Praxis betreibt und mehrere Klienten am Tag behandelt.

Es ist wichtig zu betonen, dass REIKI als intelligente Energie immer in der richtigen Menge fließt, unabhängig von der Dauer der Sitzung. Es kann nicht zu viel REIKI gegeben werden, da die Energie genau dort hinfließt, wo sie gebraucht wird, und in der benötigten Intensität und Dauer wirkt. Deshalb kannst du beruhigt sein, dass jede Sitzung, egal wie lange sie dauert, genau die richtige Menge an heilender Energie liefert.

Vertraue deiner Intuition und den Rückmeldungen des Empfängers, um die optimale Sitzungsdauer festzulegen. Indem du flexibel auf die Bedürfnisse jedes Einzelnen eingehst, kannst du sicherstellen, dass jede REIKI-Sitzung eine heilende und bereichernde Erfahrung ist.

Musik während der REIKI-Sitzung:

Es ist möglich, eine REIKI-Sitzung ohne Musik durchzuführen, doch viele Klienten finden, dass sie sich tiefer und schneller entspannen können, wenn sanfte Musik im Hintergrund gespielt wird. Die richtige musikalische Untermalung kann eine beruhigende Atmosphäre schaffen, die den Energiefluss unterstützt und die Wirkung der Sitzung verstärkt.

Sanfte, harmonische Klänge können helfen, den Geist zu beruhigen und den Körper in einen entspannten Zustand zu versetzen. Musik kann Ablenkungen minimieren und den Klienten dabei unterstützen, den Alltag loszulassen und sich vollständig auf die REIKI-Erfahrung einzulassen. Sie kann auch helfen, eine angenehme und ruhige Umgebung zu schaffen, die den Heilungsprozess fördert.

Es ist jedoch wichtig, den Empfänger nach seinen musikalischen Vorlieben zu fragen. Jeder Mensch hat unterschiedliche Geschmacksvorlieben und was für den einen entspannend wirkt, kann für den anderen störend sein. Frage daher den Empfänger vor der Sitzung, welche Art von Musik er bevorzugt oder ob er Musik überhaupt möchte. Einige Menschen mögen klassische Musik, andere bevorzugen Naturgeräusche wie Vogelgezwitscher oder Wasserrauschen, und wieder andere finden meditative Klänge oder sanfte Instrumentalmusik besonders entspannend.

Passe die Musikauswahl entsprechend den Vorlieben des Empfängers an, um eine optimale Entspannung zu fördern. Du könntest eine Playlist mit verschiedenen entspannenden Musikstücken erstellen und dem Klienten die Möglichkeit geben, aus diesen auszuwählen. Auf diese Weise kann der Klient sich aktiv an der Gestaltung seiner Sitzung beteiligen und fühlt sich wohler und entspannter.

Denke daran, die Lautstärke der Musik auf ein angenehmes Niveau einzustellen. Die Musik sollte im Hintergrund bleiben und keine Dominanz erreichen, damit sie den Energiefluss nicht stört. Eine sanfte, leise Musikuntermalung ist ideal, um eine beruhigende Atmosphäre zu schaffen, die die REIKI-Sitzung unterstützt.

Indem du die Musik entsprechend den Bedürfnissen und Vorlieben des Empfängers anpasst, kannst du die gesamte REIKI-Erfahrung verbessern und eine tiefere, schnellere Entspannung fördern. Musik kann ein kraftvolles Werkzeug sein, um den Heilungsprozess zu unterstützen und eine harmonische, friedliche Umgebung zu schaffen.

Düfte während der REIKI-Sitzung:

Auch ohne Essenzen ist eine REIKI-Sitzung wirkungsvoll, doch die Erfahrung zeigt, dass viele Menschen zu bestimmten Jahreszeiten entsprechende Düfte bevorzugen. Die richtige Duftauswahl kann die Entspannung des Empfängers unterstützen und die heilende Atmosphäre verstärken.

Wähle Düfte in Bio-Qualität:

Achte darauf, ausschließlich Düfte in Bio-Qualität zu verwenden. Diese sind frei von synthetischen Zusätzen und bieten eine reinere, natürlichere Duftwirkung. Bio-Düfte sind oft angenehmer und schonender für die Sinne, was die Gesamtwirkung der REIKI-Sitzung positiv beeinflussen kann.

Weniger ist mehr:

Bei der Anwendung von Düften gilt: Weniger ist mehr. Eine dezente Duftnote kann die gewünschte entspannende Wirkung erzielen, ohne überwältigend zu sein. Zu starke oder aufdringliche Düfte könnten den Empfänger ablenken oder sogar unangenehm sein. Ein leichter, subtiler Duft reicht oft aus, um die gewünschte beruhigende Atmosphäre zu schaffen.

Allergien abfragen:

Bevor du einen Duft in der REIKI-Sitzung verwendest, frage den Empfänger nach möglichen Allergien oder Empfindlichkeiten gegenüber bestimmten Düften. Es ist wichtig, sicherzustellen, dass der verwendete Duft keine negativen Reaktionen hervorruft. Dies zeigt auch deine Rücksichtnahme und Sorgfalt als Behandler.

Was mag der Klient?:
Finde heraus, welche Düfte der Klient bevorzugt. Jeder Mensch hat unterschiedliche Vorlieben und Abneigungen, was Düfte betrifft. Einige mögen blumige Düfte, andere bevorzugen holzige oder zitrische Noten. Indem du die Präferenzen des Klienten berücksichtigst, schaffst du eine angenehmere und individuell abgestimmte Sitzung.

Natürliche Düfte:
Setze auf natürliche Düfte, die aus echten Pflanzenextrakten stammen. Diese Düfte sind nicht nur angenehmer, sondern auch sicherer und gesünder für den Empfänger. Natürliche Düfte haben oft eine beruhigende und heilende Wirkung, die die REIKI-Sitzung unterstützen kann.

Lieber Einzeldüfte als wilde Mischungen:
Vermeide komplexe Duftmischungen und setze lieber auf Einzeldüfte. Einzeldüfte sind oft klarer und reiner, was ihre Wirkung verstärken kann. Komplexe Mischungen können überwältigend sein und die Sinne überfordern. Ein einzelner, gut gewählter Duft kann eine viel stärkere und positivere Wirkung haben.

Wechselwirkung Duft-Psyche:

Beachte die Wechselwirkung zwischen Duft und Psyche. Bestimmte Düfte können starke emotionale Reaktionen hervorrufen und das Wohlbefinden des Empfängers erheblich beeinflussen. Lavendel zum Beispiel wirkt beruhigend, während Zitrusdüfte belebend und erfrischend sein können. Wähle Düfte, die die gewünschte psychologische Wirkung unterstützen und zur Entspannung und Heilung beitragen.

Durch die sorgfältige Auswahl und Anwendung von Düften kannst du die REIKI-Sitzung bereichern und eine tiefergehende Entspannung des Empfängers fördern. Achte darauf, dass die Düfte dezent und natürlich sind, und passe sie den Vorlieben und Bedürfnissen des Klienten an. So schaffst du eine harmonische und unterstützende Umgebung, die die heilende Wirkung der REIKI-Energie verstärkt.

DIE ERSTEN 3 WOCHEN (21 TAGE) NACH DEINER REI-KI-INITIATION

Die ersten 21 Tage nach einer REIKI-Initiation werden oft als eine Phase der „Reinigung" beschrieben. Viele berichten von tiefgreifenden Veränderungen und einer intensiven Klärung von Körper und Geist in dieser Zeit. Doch das ist nur ein Teil des Erlebnisses. Diese ersten Wochen sind auch eine einzigartige Gelegenheit, das Erlernte bewusst zu vertiefen und REIKI fest in dein Leben zu integrieren.

Eine Zeit der Transformation: Diese drei Wochen sind eine transformative Phase, in der du die Möglichkeit hast, dich intensiv mit den neuen Fähigkeiten und Energien auseinanderzusetzen. Es ist die Zeit, in der das Gelernte noch frisch in deinem Gedächtnis ist und sich tief in deinem Bewusstsein verankern möchte. Indem du dich aktiv mit REIKI beschäftigst, kannst du die neuen Techniken festigen und eine solide Grundlage für deine zukünftige Praxis schaffen.

Bewusste Integration: Nutze diese Zeit, um REIKI bewusst in deinen Alltag zu integrieren. Nimm dir jeden Tag Zeit für REIKI-Übungen, sei es durch Selbstbehandlungen, Meditationen oder das Praktizieren an anderen. Diese tägliche Praxis hilft dir, eine tiefere Verbindung zur REIKI-Energie zu entwickeln und die positiven Wirkungen in deinem Leben zu spüren.

Empfohlene Aktivitäten für die ersten 21 Tage:

1. **Tägliche Selbstbehandlung:** Beginne und beende deinen Tag mit einer REIKI-Selbstbehandlung. Dies hilft dir, dich zu zentrieren, zu entspannen und die heilende Energie in deinem eigenen Körper zu spüren.

2. **Meditation und Achtsamkeit:** Integriere regelmäßige Meditationen in deinen Tagesablauf. Die Gassho-Meditation oder andere Achtsamkeitsübungen können dir helfen, deinen Geist zu beruhigen und dich auf die REIKI-Energie zu fokussieren.

3. **Journaling:** Führe vielleicht in diesen Tagen ein Tagebuch, in dem du deine Erfahrungen, Gefühle und Fortschritte festhältst. Das Schreiben kann dir helfen, deine Gedanken zu ordnen und die Veränderungen, die du erlebst, bewusster wahrzunehmen.

4. **Lektüre und Studien:** Lies Bücher und Artikel über REIKI. Lies vielleicht die Unterlagen zu Deinem REIKI I – Seminar noch mal durch. Es gibt viele Werke, die sich speziell mit den ersten drei Wochen nach einer Initiation beschäftigen, gefüllt mit Übungen, Affirmationen und Fragebögen. Diese Ressourcen können dir zusätzliche Einblicke und Inspiration bieten.

5. **Austausch mit anderen:** Suche den Austausch mit anderen REIKI-Praktizierenden. Ob in einer Gruppe, in einem Forum oder in persönlichen Gesprächen – das Teilen von Erfahrungen kann sehr bereichernd sein und neue Perspektiven eröffnen.

Warum diese Zeit so wichtig ist:
Die ersten drei Wochen sind nicht nur eine Phase der Reinigung, sondern auch eine Zeit des Wachstums und der Erneuerung. Es ist eine Periode, in der du die Grundlagen für eine tiefgehende und nachhaltige REIKI-Praxis legst. Indem du diese Zeit intensiv nutzt, schaffst du die besten Voraussetzungen, um REIKI dauerhaft und kraftvoll in dein Leben zu integrieren.

Dein Weg zu einem neuen Bewusstsein:

Stell dir vor, wie du nach diesen 21 Tagen mit einer neuen Klarheit, gestärkten Fähigkeiten und einem tieferen Verständnis für REIKI hervorgehst. Diese Reise ist ein Geschenk an dich selbst – eine Chance, dein Leben mit positiver Energie zu erfüllen und deine Heilungsfähigkeiten zu entfalten.

Nutze diese wertvolle Zeit, um dich voll und ganz auf deine REIKI-Praxis einzulassen. Es ist eine Investition in dein eigenes Wohlbefinden und spirituelles Wachstum. Freue dich auf die Entdeckungen und Erfahrungen, die diese ersten 21 Tage mit sich bringen, und lasse dich von der wunderbaren Energie von REIKI leiten und inspirieren.

VERSCHIEDENE MÖGLICHKEITEN, REIKI ANZUWENDEN (REIKI I)

1. REIKI beim Radiohören oder Fernsehen:
Nutze die ruhigen Momente beim Radiohören oder Fernsehen, um dir selbst REIKI zu geben. Spüre in deinen Körper hinein und lege deine Hand auf die Region, die gerade besondere Aufmerksamkeit benötigt. Lasse die heilende Energie von REIKI fließen und genieße die wohltuende Wirkung.

2. REIKI beim Telefonieren:
Auch beim Telefonieren kannst du REIKI anwenden. Lege deine Hand auf den Solarplexus und spüre, wie REIKI dich wärmt und beruhigt. Du wirst vielleicht das sanfte Fließen der Energie bemerken, das dir während des Gesprächs Wohlbefinden schenkt.

REIKI unterwegs:
Ob als Beifahrer im Auto, im Omnibus auf dem Weg zur Arbeit oder während einer Zug- oder Flugreise – REIKI ist dein ständiger Begleiter. Lege deine Hand oder beide Hände auf den Solarplexus und lass die REIKI-Energie in dich strömen. Diese Praxis hilft dir, auch unterwegs entspannt und ausgeglichen zu bleiben.

REIKI für tierische Begleiter:
Tiere reagieren oft sehr positiv auf REIKI. Aus eigener Erfahrung weiß ich, dass Hunde besonders empfänglich

für die heilende Kraft von REIKI sind. Nutze die Gelegenheit, um auch deinen tierischen Begleitern diese wohltuende Energie zukommen zu lassen und beobachte, wie sie sich entspannen und wohlfühlen.

REIKI für deine Speisen:
Warum nicht auch deinen Speisen REIKI geben? Direkt nach dem Kochen kannst du deinen Gerichten eine Extraportion positive Energie zukommen lassen. Es mag ungewöhnlich klingen, aber viele berichten, dass die Speisen dadurch bekömmlicher und schmackhafter werden.

Entdecke die vielfältigen Möglichkeiten, REIKI in deinen Alltag zu integrieren und sammle deine eigenen Erfahrungen. Je mehr du mit REIKI arbeitest, desto stärker wirst du die positive Wirkung dieser universellen Lebensenergie spüren. Lass dich auf das Abenteuer ein und finde heraus, wie REIKI dein Leben bereichern kann!

REIKI-BEHANDLUNG: EINE ANLEITUNG FÜR DEINE SITZUNG

Hier ist eine kleine Skizze, wie eine REIKI-Sitzung aussehen könnte. Du kannst REIKI sowohl für dich selbst als auch für die Behandlung anderer anwenden.

Vorbereitung:

> Bevor du einen anderen Menschen behandelst, wasche bitte gründlich deine Hände. Auch wenn du den Empfänger vielleicht nicht direkt berührst, sorgt dies für ein angenehmeres Gefühl für euch beide.

Innere Sammlung:

> Gehe in dich und konzentriere dich, wie du es mit Hilfe der Gassho-Meditation gelernt hast. Sei ruhig und gelassen, ohne Willen und Vorstellung. Diese innere Sammlung hilft dir, als klarer Kanal für die REIKI-Energie zu dienen.

Entspannte Atmosphäre:

> Der Empfänger sollte ruhig und entspannt liegen, vielleicht sogar mit einer Decke gewärmt. Schafft gemeinsam eine angenehme und ruhige Umgebung, in der sich der Empfänger wohlfühlt. Eine entspannte Atmosphäre fördert die Heilung.

Handpositionen:

Wende die Handpositionen an, so wie dich REIKI leitet. Vertraue deiner Intuition. Wenn du den Impuls hast, eine Position länger als fünf Minuten zu halten, dann tue dies. Ebenso, wenn du das Gefühl hast, eine Position kürzer zu halten. Einige Behandler streichen als ersten Punkt die Aura glatt. Wenn dir danach ist, tue es.

Wunderbare Entspannung:

Während der Sitzung kann es vorkommen, dass der Empfänger so tief entspannt, dass er einschläft. Solltest du alle Handstellungen durchgegangen sein und die Zeit es erlaubt, lasse den Empfänger ruhig weiter ruhen. Hole deinen Klienten später behutsam wieder in das wache Jetzt zurück.

Indem du diese Schritte befolgst, schaffst du eine heilende und beruhigende REIKI-Sitzung, die sowohl dir als auch dem Empfänger zugutekommt. Genieße die Erfahrung und freue dich auf die positive Wirkung, die REIKI auf das Wohlbefinden haben kann.

ARBEITEN MIT KLIENTEN:
DER WEG ZUR KLARHEIT UND DANKBARKEIT

In der Zusammenarbeit mit Klienten beschäftigen wir uns häufig mit ihren Wertvorstellungen, persönlichen Interpretationen und Wünschen – insbesondere dem tiefen Wunsch, gesund zu sein. Sobald Klienten Klarheit über diese inneren Parameter gewinnen, können sie ihren Weg deutlicher sehen und besser verfolgen. Glücklich zu sein hängt nicht nur von äußeren Umständen ab, sondern auch von unseren Grundeinstellungen, Denk- und Verhaltensweisen. Diese spielen eine zentrale Rolle in unserer gemeinsamen Arbeit.

Es ist nicht jedem von Natur aus gegeben, spontan Dankbarkeit, Heiterkeit und Freude zu empfinden. Aber es ist möglich, durch bewusste Fokussierung und Übung eine Einstellung zu entwickeln, die Dankbarkeit fördert. Indem wir regelmäßig ein dankbares Mindset praktizieren, können wir diese positiven Zustände fest in unserem Leben verankern. Mit der Zeit wird es leichter, eine positivere und dankbarere Grundeinstellung zu erleben.

Jon Kabat-Zinn, Ein Achtsamkeitsforscher aus den USA, hebt hervor, wie wichtig es ist, einen authentischen Lebensentwurf zu verfolgen. Wenn wir in Einklang mit unserem wahren Selbst leben, fällt es uns leichter, Freude und Erfüllung zu finden. Die bewusste Wahl, auf das Positive zu achten und Dankbarkeit zu kultivieren, kann unser Leben auf tiefgreifende Weise verändern.

„Der einzige Lebensentwurf, der uns wirklich erfüllt, ist unser eigener. Wir müssen unseren eigenen Weg finden – die

Wege, die andere gegangen sind, werden für uns nicht die richtigen sein." (Kabat Zinn, 2016)

Lass uns gemeinsam auf diesem Weg gehen, um eine klarere Sicht auf unsere Ziele zu gewinnen und eine Haltung der Dankbarkeit zu entwickeln. Denn in dieser Einstellung liegt die Kraft, unser Leben und das Leben der Menschen um uns herum zu bereichern.

In der Arbeit mit Klienten haben wir die wunderbare Möglichkeit, die bewusste Fortentwicklung ihres persönlichen Lebensentwurfs zu begleiten. Wir unterstützen dabei, alte Überzeugungen zu bemerken, zu hinterfragen und zur Reflexion anzuregen. Im Rahmen von REIKI begleiten wir unsere Klienten, während sie sich aktiv und achtsam von automatischen Gefühlen wie Frustration und Mangel lösen.

Unsere Aufgabe ist es, sie dabei zu unterstützen, ihre Ziele zu erreichen und vielleicht sogar bewusst emotionale Kompetenzen wie Freude und Dankbarkeit zu üben. Durch diese achtsame Begleitung können Klienten lernen, ihre Emotionen besser zu verstehen und positiv zu beeinflussen.

Dabei ist es hilfreich, sich an die 5 Lebensregeln des REIKI zu erinnern. Die Regeln bieten eine wertvolle Orientierung und können helfen, eine positive und achtsame Lebenshaltung zu kultivieren. Sie unterstützen dabei, innere Ruhe zu finden und eine tiefe Verbindung zur eigenen Energie und zu anderen Menschen zu entwickeln.

Lass uns gemeinsam diesen Weg gehen und die transformative Kraft von REIKI nutzen, um Klienten dabei zu helfen, ihr volles Potenzial zu entfalten und ein erfülltes, glückliches Leben zu führen. Indem wir die 5 Lebensregeln in unsere Praxis integrieren, schaffen wir eine Grundlage für Heilung und persönliches Wachstum, die weit über die Sitzungen hinauswirkt.

RECHTSLAGE IN DEUTSCHLAND

Die Rechtslage bezüglich REIKI-Behandlungen in Deutschland ist nicht eindeutig geklärt, auch wenn es auf den ersten Blick so erscheinen mag.

Grundsätzlich gilt: Wer in Deutschland REIKI-Behandlungen zu Heilzwecken öffentlich und gewerblich anbietet, muss gemäß des deutschen Heilpraktikergesetzes entweder Arzt oder Heilpraktiker sein. Das bedeutet, dass selbst wenn du im REIKI-Meistergrad ausgebildet bist, du offiziell keine REIKI-Behandlungen zu Heilzwecken anbieten darfst, es sei denn, du hast die entsprechende medizinische Qualifikation. Das ist die geltende Gesetzeslage in Deutschland und weiterem deutschen Sprachraum.

Es gibt jedoch alternative Möglichkeiten, REIKI in Deutschland anzubieten:

1. REIKI-Entspannungsstunden:

Einige Kollegen bieten REIKI-Entspannungsstunden an, die nicht als Heilbehandlung, sondern als Entspannungsmethode deklariert werden. Dies könnte eine Möglichkeit für dich sein, REIKI gewerblich anzubieten, ohne gegen das Heilpraktikergesetz zu verstoßen.

2. **Dachverband Geistiges Heilen (DGH):**
   Der Dachverband Geistiges Heilen (DGH) führt derzeit Musterprozesse, um eine Art „kleinen Heilpraktikerschein" speziell für Geistige Heiler und REIKI-Praktizierende zu etablieren. Diese Bemühungen könnten zukünftig neue rechtliche Rahmenbedingungen schaffen.

3. **Deutsche Gesellschaft für Alternative Medizin (DGAM):**
   Ein weiterer Ansatz wird von der Deutschen Gesellschaft für Alternative Medizin (DGAM) verfolgt. Diese Organisation schlägt vor, REIKI unter Begriffen wie „Gesundheitspraktisches REIKI" anzubieten. Dabei wird betont, dass REIKI keine Heilmethode ist, sondern der Gesundheitsförderung dient.

Es ist wichtig zu betonen, dass diese Möglichkeiten sich auf das gewerbliche Anbieten von REIKI-Behandlungen beziehen. Wenn du REIKI-Seminare anbietest oder im privaten, familiären Kreis REIKI anwendest, benötigst du keine Qualifikation als Heilpraktiker oder Arzt.

Die Rechtslage ist jedoch im ständigen Wandel, und es gibt weiterhin offene juristische Diskussionen und Gerichtsverfahren. So hat das Bundesverfassungsgericht im März 2004 im sogenannten „Heilerentscheid" festgestellt, dass Gerichte sich weiterhin mit Fragen rund um alternativ- und komplementärmedizinische Therapien befassen müssen. Ein Beispiel ist die Entscheidung des Oberlandesgerichts Schleswig aus dem August 2006, in der ein Therapeut die „Meridian-Farb-Therapie" weiterhin anbieten durfte, obwohl er kein Heilpraktiker war.

Da die rechtlichen Rahmenbedingungen sich ändern können, ist es wichtig, dass du dich regelmäßig über die aktuelle Rechtslage informierst. Konsultiere aktuelle Quellen oder lass dich rechtlich beraten, um sicherzustellen, dass du immer im Einklang mit den geltenden Gesetzen arbeitest.

Der Klient hat die Entscheidungsfreiheit

Die rechtlichen Rahmenbedingungen für REIKI-Therapien haben sich durch verschiedene Urteile weiterentwickelt, was Mut macht, REIKI anzuwenden. Ein besonderes Interesse weckt ein Urteil des Oberlandesgerichts Schleswig, das nach der wegweisenden Entscheidung des Bundesverfassungsgerichts vom März 2004 ergangen ist. Hier sind die wesentlichen Aussagen, die für REIKI-Praktizierende von Bedeutung sind:

1. **Erlaubnisfreiheit der Therapie:**
   Das Urteil stellt klar, dass ein Therapeut für die Durchführung einer alternativmedizinischen Therapie, wie zum Beispiel das Handauflegen, keine spezielle Erlaubnis benötigt. Dies bedeutet, dass REIKI-Praktizierende ihre Therapie anbieten können, ohne eine Heilpraktiker- oder Arztausbildung zu benötigen, solange sie keine diagnostischen Entscheidungen treffen.

2. Ärztliche Hilfe sicherstellen:

Ein Fehler in der Therapie kann nur darin bestehen, dass notwendige ärztliche Hilfe versäumt wird. Das Gericht betont, dass Therapeuten sicherstellen müssen, dass ihre Klienten verstehen, dass die REIKI-Therapie eine ärztliche Behandlung nicht ersetzt. Es ist wichtig, den Klienten darauf hinzuweisen, dass sie bei gesundheitlichen Problemen zusätzlich einen Arzt aufsuchen sollten.

3. Diagnostische Entscheidungen:

Wer dem Therapeuten vorwirft, diagnostische Entscheidungen zu treffen, muss dies beweisen. Der REIKI-Praktizierende muss deutlich machen, dass er keine medizinischen Diagnosen stellt, sondern die Klienten regelmäßig im Sinne der Bundesverfassungsgerichtsentscheidung darüber aufklärt, dass REIKI ergänzend und nicht ersetzend zur ärztlichen Behandlung angewendet wird.

4. Entscheidungsfreiheit des Klienten:

Eine weitere zentrale Aussage des Urteils ist, dass die Klienten in ihrer Entscheidung frei sind, ob sie sich in ärztliche Behandlung begeben wollen oder nicht. Dies bedeutet, dass keine ärztliche oder heilpraktische Diagnose erforderlich ist, um REIKI anzuwenden.

5. **Werbung für REIKI:**
   Das Gericht legt nahe, dass sachliche und informative
   Werbung für REIKI-Therapien nicht
   wettbewerbswidrig ist. Dies gibt REIKI-
   Praktizierenden die Möglichkeit, offen und transparent
   über ihre Angebote zu informieren.

Diese Aussagen ermutigen dazu, REIKI in Deutschland anzuwenden und zu verbreiten. Sie geben dir die Sicherheit,
dass du deine Praxis legal ausüben kannst, solange du
transparent über die Natur der Therapie informierst und den
Klienten ihre Entscheidungsfreiheit lässt.

Es ist jedoch wichtig, sich regelmäßig über die aktuelle
Rechtslage zu informieren, da sich die gesetzlichen Rahmenbedingungen ändern können. Konsultiere aktuelle Quellen oder lass dich rechtlich beraten, um sicherzustellen,
dass du immer im Einklang mit den geltenden Gesetzen arbeitest.

Mit diesem Wissen im Hintergrund kannst du selbstbewusst
und verantwortungsvoll REIKI anwenden und deinen Klienten eine wertvolle ergänzende Therapie anbieten.

POSITIVE AUSWIRKUNGEN DES SCHLESWIGER UR-TEILS

Das Schleswiger Urteil hat für REIKI-Praktizierende positive Auswirkungen. Wie bereits in der Ausgabe 3/06 im Artikel über Rechtsprechung dargelegt, bestätigt die Entscheidung, dass auch REIKI-Behandler keiner speziellen Erlaubnis bedürfen. Allerdings müssen REIKI-Praktizierende, wie alle Therapeuten, die alternativmedizinische Maßnahmen durchführen, darauf hinweisen, dass ihre Therapie eine ärztliche Behandlung nicht ersetzt.

Obwohl das Urteil besagt, dass derjenige, der sich auf einen fehlenden Hinweis beruft, dies beweisen muss, wird REIKI-Praktizierenden – ebenso wie allen anderen Therapeuten im Bereich der Alternativmedizin – empfohlen, diesen Hinweis zu dokumentieren. Im konkreten Fall wurde dem Therapeuten geraten, einen schriftlichen Belehrungstext von den Patienten unterzeichnen zu lassen. Dies stellt sicher, dass der Klient über die Natur der Therapie und deren ergänzenden Charakter informiert ist.

Ein empfohlener Belehrungstext könnte wie folgt lauten:

HINWEISVERPFLICHTUNG

„Bei der gewünschten Behandlung mit REIKI handelt es sich um eine alternativmedizinische Maßnahme und nicht um eine schulmedizinische Behandlungsform. Nach der Entscheidung des Bundesverfassungsgerichts vom 02.03.2004 - 1 BvR 784/03 - besteht die Verpflichtung darauf hinzuweisen, dass diese Behandlung keinen Arztbesuch, keine schulmedizinische Diagnose und keine schulmedizinische Behandlung des Krankheitsbildes ersetzt.

Es wird ferner darauf hingewiesen, dass der Behandler keine diagnostischen Maßnahmen durchführt, sondern die Behandlung ausschließlich aufgrund der Angaben des Patienten zum Krankheitsbild und/oder aufgrund vorliegender Diagnosen von Ärzten und Heilpraktikern erfolgt.

Diesen Hinweis habe ich zur Kenntnis genommen."

Ort, Datum / Therapeut / Patient

Dieser Hinweis ist für jeden Therapeuten unproblematisch und dient als Beweis dafür, dass er seiner Hinweisverpflichtung nachgekommen ist. Wird so verfahren, dürfte eventuellen Rechtsstreitigkeiten, die von Heilpraktiker- oder Ärzteverbänden angestrengt werden, wenig Erfolg beschieden sein. Diese Rechtsprechung, die konsequent die Mündigkeit des Patienten und seine Entscheidungsfreiheit hervorhebt – nämlich ob er sich von einem Arzt, Heilpraktiker oder von einem anderen Therapeuten behandeln lässt – ist in ihrer Entwicklung zu begrüßen. So kann jeder REIKI-Behandler die heilsame REIKI-Energie zum Wohle Aller anwenden.

Solltest du erwägen, eine Internetpräsenz zu eröffnen oder deine Begabung und dein Können fremden Menschen zur Verfügung zu stellen, sind Hinweise wie dieser bestimmt hilfreich, um den gesetzlichen Bestimmungen nachzukommen:

DAS BUNDESVERFASSUNGSGERICHT

Das Bundesverfassungsgericht hat am 2. März 2004 (AZ: 1 BvR 784/03) zugunsten der Heiler entschieden und damit wichtige Klarstellungen getroffen, die REIKI-Praktizierenden Mut machen, ihre Fähigkeiten anzubieten.

Im Einklang mit diesem Urteil erkläre ich als REIKI-Meister/in und Lehrer/in folgendes:

1. **Keine Diagnosen oder medizinische Behandlungen:** Ich stelle keinerlei Diagnosen und führe keine Therapien oder Behandlungen im medizinischen Sinne durch. Es wird von mir keine Heilkunde im gesetzlichen Sinne ausgeübt.

2. **Hinweis auf fehlende ärztliche Behandlung:** Ich weise darauf hin, dass bei mir keine ärztliche Behandlung stattfindet. Die Sitzungen mit mir sind kein Ersatz für eine ärztliche Behandlung.

3. **Wichtigkeit der Zusammenarbeit mit Ärzten:** Ich halte die Zusammenarbeit mit Ärzten für äußerst wichtig. Daher sollte eine laufende ärztliche Behandlung nicht unter- oder abgebrochen werden. Es ist ebenso wichtig, dass notwendige medizinische Diagnosen und Behandlungen in der Zukunft nicht hinausgeschoben oder ganz unterlassen werden. Die Verantwortung hierfür liegt beim Klienten.

4. **Keine Heilversprechen:** Es werden keine Versprechungen abgegeben, die eine Heilung im medizinischen oder wissenschaftlichen Sinne

beinhalten. Dadurch sollen beim Klienten keine falschen Hoffnungen geweckt werden.

Diese Klarstellungen sollen dir die Angst nehmen, REIKI anzuwenden und anzubieten. Du kannst selbstbewusst deine Fähigkeiten einsetzen und gleichzeitig die rechtlichen Rahmenbedingungen beachten, um die bestmögliche Unterstützung für deine Klienten zu bieten.

DAS IST MEIN STANDPUNKT: JEDER HAT SICH SELBST ZU ERKUNDEN, WAS ER FÜR SICH FORMULIERT:

Heilen / Heilung

Jeder kann es lernen. Jeder kann heilen. Jeder kann sich selbst und anderen heilende Energie für Heilungsprozesse zur Verfügung stellen. Diese Heilung kann auf physische, emotionale, mentale und spirituelle Weise erfolgen.

Der Mensch ist, wie jedes andere Wesen auf dieser Welt, vielschichtig. Unsere Regenerationskräfte sind durch die Grenzen unserer Wahrnehmung eingeschränkt. Sogar niedere Wesen erkennen ihre Grenzen und verhalten sich entsprechend. Auch wir erkennen unsere Grenzen und orientieren uns daran.

In unserer modernen Zeit gibt es viele Heil- und Therapiemöglichkeiten. Jeder Mensch sollte jedoch seinen eigenen Weg finden dürfen. Für den einen ist eine Methode angemessen, für den anderen eine andere. Eine zu starke Verallgemeinerung von Therapieformen ist kontraproduktiv. Es bringt nichts, alle Symptome, Probleme, Ursachen und Heilverfahren über einen Kamm zu scheren. Eine Methode kann nicht jeden Menschen heilen.

Als mündige Wesen liegt es letztlich an uns selbst, die Therapie oder Kombination von Therapien zu finden, die unserer Individualität am besten gerecht wird. Ärzte und Therapeuten können uns mit ihrem Wissen und ihrer Erfahrung nur unterstützend zur Seite stehen.

Schon unsere Vorfahren wussten, dass Gesundheit das halbe Leben ist. Leider schätzen viele von uns ihre gewohnte Gesundheit oft erst, wenn sie verloren gegangen ist. Dann erfordert es viel Mühe und Anstrengung, Gesundheit und Wohlbefinden wiederzufinden. Zwar überrascht uns unser Körper immer wieder mit seiner starken regenerativen Kraft, aber auch diese Kraft kann sich im Laufe eines Lebens und verschiedener gesundheitlicher Belastungszustände verringern. Der Tag, an dem wir nicht mehr heilen, sondern nur noch Beschwerden lindern können, ist zu vermeiden.

Für wahre Gesundheit gibt es keine schnellen Rezepte. Nehmen wir als Beispiel einen einfachen Schnupfen:

- In der Schulmedizin erklärt man uns: Ein Schnupfen wird durch lebensunfähige Partikel, die wir Viren nennen, verursacht. Der Schnupfen ist der Kampf zwischen eingedrungenen Bakterien bzw. Viren und unserem Körper. Der Schleim ist der Abfall des Kriegsschauplatzes.

- In der ganzheitlichen Medizin ist ein Schnupfen der Beginn und Ausdruck der Selbstheilung und nichts weiter als das greifbare Symptom einer Selbstentgiftung.

- Andere Therapeuten sehen im Schnupfen oder grippalen Infekt den körperlichen Ausdruck einer seelischen Reifung.

- Im alten China unterstellten Ärzte erwachsenen Menschen, die häufig an Schnupfen litten, eher sexuelle Inaktivität.

Diese vier unterschiedlichen Deutungen zeigen, dass Krankheitsgeschehen, die wir äußerlich wahrnehmen, sehr vielschichtig sein können. Es ist daher nicht vorteilhaft, den Körper von Seele und Geist (feinstoffliche Körperlichkeit) zu trennen. Wenn in der Therapie eines körperlich erfahrbaren Krankheitsgeschehens nur der Körper behandelt wird und der Rest des Menschen ausgeschlossen bleibt, wird die Gesundung nur temporär sein. Unsere Seele und unser Bewusstsein müssen der Gesundung zustimmen und entsprechende innere Konsequenzen nach sich ziehen können.

Die grundlegende Aufgabe in unserem Lern- und Entfaltungsprozess besteht darin, den göttlichen Funken in uns zu erkennen und anzunehmen. Wir müssen begreifen, dass unser Leben mit all seinen kleinen und großen Herausforderungen für einen reibungslosen Verlauf konzipiert sein kann.

Es liegt an uns, Wege zu finden, uns dem Fluss unseres Lebens zu stellen, ihn aber nicht zu verstellen. Wir alle kennen Geschichten von Spontanheilungen oder angestoßenen Heilungsprozessen: denken wir an die Heilungen in der Anwesenheit von Bruno Gröning und anderen Heilern oder an große Wallfahrtsorte. Wenn ein Gebet erhört wird oder Menschen Heilung erfahren, sagen viele: "Es ist etwas unfassbares geschehen!" In Wahrheit aber ist es normal, dass unsere Gebete erhört werden. Dass Wunder geschehen, ist die Regel, nicht die Ausnahme. Andernfalls wäre diese Welt kaum möglich und kaum denkbar.

So möchte ich uns ermuntern, die Welt wieder in ihrer ganzen Großartigkeit zu entdecken, so zu sehen, als sähen wir sie zum ersten Mal. – So wie damals Byron Katie, als sie den Weg zurück ins Leben fand. – Das Abenteuer, die Freude und die Magie müssen wieder ihren Platz finden, damit wir das wunderbare Geschenk, auf dieser blauen Perle Erde geboren zu sein, in vollen Zügen genießen und annehmen können.

BIBLIOGRAPHIE

1. Reiki – Die heilende Kraft der Hände, Eurobooks Cyprus Ltd 1999

2. REIKI ganz klar!, Frank A. Petter, Windpferd 2005

3. Das Reiki Feuer, Frank A. Petter, Windpferd 1997

4. Original Reiki-Handbuch des Dr. Mikao Usui, Mikao Usui/Frank a. Petter, Winpferd 1999

5. Die Praxis des Reiki, Dai Komio, Goldmann Arkana1997

6. REIKI – Wohlbefinden durch die Heilkraft der Hände, Brigitte Glaser, Mosaik bei W. Goldmann Verlag, 2001

7. Das REIKI Handbuch, Water Lübeck, Windpferd Verlagsgesellschaft, 1990

8. Die REIKI Praxis, Beate Blaszok/Wulfing von Rohr Urania Verlags AG 1996

9. Reiki-Therapie, Satyam S. Kathrein, Mosaik Verlag 2006

10. Reiki – universelle Lebensenergie, Bodo J. Baginski/Shalilia Sharamon, Synthesis-Verlag 1985

11. WabiSabi – Nicht perfekt und trotzdem glücklich, Chistopher A. Weidner, Knaur 2007

12. Folge dem Ruf deines Herzens, Chuck Spezzano, Heyne Verlag 2000

13. Spiele der Erwachsenen, Dr. med. Eric Berne, Rowolt Taschenbuchverlag 1990

14. "Reiki für Dummies", Nina L. Paul und Birgit Strunz, Wiley-VCH, 2010

15. Reiki in der therapeutischen Praxis, Mark Hosak, Haug; 2. Edition 2021

DER AUTOR

Olaf Reinke studierte Erziehungswissenschaft an der Universität Hamburg und sammelte anschließend viele Jahre Erfahrung in der IT-Branche, sowohl bei Herstellern als auch bei Dienstleistern. Parallel dazu begann er eine Ausbildung im heilpraktischen Bereich und ließ sich in REIKI einstimmen. Seit 2007 bietet Olaf Reinke REIKI-Seminare an. Im Jahr 2013 erweiterte er seine berufliche Laufbahn, indem er sich zum Masseur und medizinischen Bademeister ausbilden ließ. Seitdem arbeitet er als Masseur und Lymphtherapeut in einer Hamburger Klinik. Neben seiner Tätigkeit im medizinischen Bereich widmet er sich privat der geistigen Heilung mit REIKI. Im Jahr 2010 veröffentlichte er sein erstes Buch mit dem Titel „Reiki, Seminare I".

DANKSAGUNG

Ich möchte meinen herzlichen Dank an all jene ausspre-
chen, die zur Entstehung dieses Buches beigetragen haben.
Besonders hervorheben möchte ich Burkhard Scheidel, Ma-
rita Dinn, Nadia Afroune, Stephan Lamprecht, Jürgen Voss
und meine wunderbaren Schüler, die mich stets mit Rat und
Tat unterstützt haben. Euch allen gilt mein tiefster Dank!